# O Sonho Intacto

*Nas palavras de Ugo Giorgetti*

GOVERNO DO ESTADO DE
SÃO PAULO
RESPEITO PELAS PESSOAS

| | |
|---|---|
| Governador | Geraldo Alckmin |
| Secretário Chefe da Casa Civil | Arnaldo Madeira |

imprensaoficial

**Imprensa Oficial do Estado de São Paulo**

| | |
|---|---|
| Diretor-presidente | Hubert Alquéres |
| Diretor Vice-presidente | Luiz Carlos Frigerio |
| Diretor Industrial | Teiji Tomioka |
| Diretor Financeiro e Administrativo | Flávio Capello |
| Núcleo de Projetos Institucionais | Emerson Bento Pereira |
| Projetos Editoriais | Vera Lucia Wey |

**Coleção Aplauso Cinema Brasil**

| | |
|---|---|
| Coordenador Geral | Rubens Ewald Filho |
| Coordenador Operacional e Pesquisa Iconográfica | Marcelo Pestana |
| Projeto Gráfico Revisão e Editoração | Carlos Cirne |

# O Sonho Intacto

*Nas palavras de Ugo Giorgetti*

por Rosane Pavam

imprensaoficial

São Paulo, 2004

**Ficha catalográfica elaborada pela Biblioteca da Imprensa Oficial do Estado**

Pavam, Rosane
Ugo Giorgetti: o sonho intacto/Rosane Pavam - São Paulo: Imprensa Oficial do Estado de São Paulo, 2004.
272p.: il. - (Coleção Aplauso Cinema Brasil)

ISBN 85.7060.238-3

1. Cinema - Brasil 2. Produtores cinematográficos - Brasil 3. Giorgetti, Ugo, 1942 - ,Biografia I. Título II. Série

CDD 791.430.981

Foi feito o depósito legal na Biblioteca Nacional (Lei nº 1.825, de 20/12/1907).

Imprensa Oficial do Estado de São Paulo

Rua da Mooca, 1921 - Mooca
03103-902 - São Paulo - SP - Brasil
Tel.: (0xx11) 6099-9800
Fax: (0xx11) 6099-9674
www.imprensaoficial.com.br
e-mail: livros@imprensaoficial.com.br
SAC 0800-123401

## Introdução

O mistério da incompreensão ronda Ugo Giorgetti, embora se possa falar, neste caso, de uma incompreensão suave, mesmo risonha, praticada por espectadores bem intencionados. A verdade é que o cineasta se destaca aos olhos públicos por uma faceta de humor total que lhe cabe com pouca justiça. Seus filmes não se apresentam de todo hilariantes, nem de todo tristes. Antes, são grandes películas que aspiram à completude do romance, obras refletidas pela mentalidade de escritor, rara nos horizontes do Brasil, ainda mais quando aplicada a uma filmografia banhada em profissionalismo.



Este não é um diretor que, ao escrever bem, acredite na preponderância de sua escrita. O cinema lhe cai como entidade temível, não apenas pelo monumento técnico que requisita, mas pelos acasos e desencontros tipicamente encerrados nela. Ter medo do cinema, como acontece com Giorgetti, não ocorre a todos os diretores brasileiros, e é algo que soa impraticável e antigo aos olhos da atual soberba nacional, a da eficiência.

Ugo César Giorgetti nasceu em São Paulo em 1942 e, para ele, ex-aluno de escola estadual da zona norte, desistente de Filosofia na Universidade de São Paulo durante os tórridos anos 60, existe um saber no cinema que transcende os limites do papel-e-lousa. Um saber de tempo e autoridade, usados obrigatoriamente juntos. Não se pode ensinar o ofício dentro de quatro paredes, nem submetê-lo ao provão de imagens, porque o cinema se baseia num fazer complexo, amplo e lateral, fundado em prática.



Culto sem se esforçar que o percebam, alto e sorridente em demasia para um intelectual, Giorgetti se acostumou a que o entendessem como um ameno cumpridor de tarefas publicitárias sabendo, de antemão, que a publicidade, no Brasil, serviria como única escola de cinema possível, uma espécie de Bola de Sebo no conto de Guy de Maupassant, achincalhada pela imprensa, pela universidade, pelos críticos, mas útil sem medidas. Se Martin Scorsese aprendeu as regras da arte com os improvisos de Roger Corman, Ugo Giorgetti desenvolveria um conhecimento peculiar a partir das filmagens de comerciais dos outrora relógios Technos. Vez ou outra, um set assim perfumado lhe renderia momentos eternos. Em 1972, por exemplo, ele filmou mensagem publicitária de Cartola para um banco. O diretor se lembra de o compositor-poeta dizer, depois de apresentar uma única vez diante das câmeras sua melodia ao violão: "Meu filho, você sabe onde está minha passagem para o Rio?"



Giorgetti não é um diretor publicitário, embora tenha feito comerciais, nem um longa-metragista, com seis títulos emplacados ao longo de 19 anos, nem mesmo um roteirista profissionalizado dentro dos filmes que dirige. Ugo Giorgetti é um artista que transformou a paisagem paulistana em paisagem íntima. Demais que se diga assim? Mas necessário que se diga. A seu modo e em seu tempo, ele atuou sempre, talvez inconscientemente, como o Honoré de

Balzac possível, reproduzindo uma sociedade de maneira a recriá-la, na contramão de todos os reais escritores contemporâneos paulistas. Ele diz que o roteiro é seu "sonho intacto" mas, para quem o vê, intacto é o sonho de toda a sua cinematografia. É um diretor livre porque marginal, marginal porque autor. Seus filmes têm o vagar do romance, o vagar entendido, às vezes, na forma expressa do ritmo lento e generoso da fita. A duração é muito importante para quem escreve longos entrechos. Romances não são contos, rápidos como o nocaute, conforme imagem sugerida pelo escritor Julio Cortázar. Romances pedem vácuos que alojem o pensamento, como nas obras de John Ford, outro criador de paisagens da cinematografia.



Os filmes de Giorgetti, um a um, formam esse romance extensivo sobre São Paulo, sem se referir unicamente à cidade. O diretor criou a sua, tão mais real do que aquela que instantaneamente vemos. Mas, com isso, não se quer dizer que ele tenha profetizado articulações ou desarticulações de arquiteturas urbanas. Quando filmou seu primeiro longa-metragem de ficção, Jogo Duro, de 1985, imaginou um Pacaembu transformado em terreno de ninguém, à mercê de invasores. O empobrecimento do bairro não pode ser considerado verdadeiro hoje, quando, do tucanato ao lulismo, os homens cultivados de posses fincam ali seus jardins. O cineasta tomou o Pacaembu emprestado para falar mais amplamente sobre um modo de viver (ou não viver) do paulistano, um ser enganado pelo bem-estar, àquela época e hoje ainda mais.



Como diretor, se não predisse arquiteturas, ele descreveu pensamentos e maneiras sempre atuais. Quem quiser conhecer a São Paulo deste final de século terá de ver seus filmes, os personagens de Giorgetti que espreitam e desesperam - principalmente, apartam-se. Para vencer as diferenças de classe, línguas e psicologias, seus homens e mulheres jogam sinuca, futebol, boxe, xadrez, qualquer outro jogo, sem com isso jamais obter o sucesso da união ou, modernamente, do comunicar. Mas jogam sempre, por vício de viver.

Giorgetti é ele mesmo um jogador, em constante corpo a corpo com a divindade artística temperamental, em busca de encaixar no tabuleiro as peças cinematográficas - luz, texto, ator, fotografia, continuidade - mas vendo muitas vezes esse jogo, de antemão, como perdido. É uma perdição aceita por ele de maneira serena. A guerra pode ser interminável, mas o diretor se enche de carinho pelas batalhas dentro dela que possa vencer. *"O filme tem dois ou três momentos bons, o resto é técnica"*, ensinou-lhe o amigo e fotógrafo inglês Henry E. Fowle, o Chick Fowle. Para Giorgetti, não há contradição, ou espanto, em dizer que Glauber Rocha fez um grande filme, *Deus e o Diabo na Terra do Sol* (1964), e só. No diretor brasileiro, ele vê muito gênio, sem que a técnica o acompanhe.



Mais ainda que o jogo, o cinema, para Giorgetti, talvez pareça assemelhado à ópera que ele e seus pais ouviam, marca musical da infância, fixada em programas de rádio como *Música dos Mestres*. O cineasta assombra-se com a superioridade de um criador operístico diante daquele sinfônico. Arrematar tantos elementos, música, voz, drama, em torno de uma grande obra, como fez o extraordinário Giuseppe Verdi em *Macbeth,* é coisa para "gênios". Giorgetti guarda a lembrança dessa dificuldade. Ele nasceu em um ambiente complexo, musical e urbano. Acostumou-se a muitos personagens e formas.

O cineasta se lembra de assistir, na elevada Santana natal, ao espetáculo do prédio Martinelli avançando nos céus do centro de São Paulo. Nos anos 50, criança, ele ficava sentado com os vizinhos na deserta Rua Voluntários da Pátria, diante da cidade que corria embaixo: por sua visão passavam o Campo de Marte, o Clube Espéria, o rio Tietê e os prédios do Banco do Estado de São Paulo, do Banco do Brasil e de seu muito famoso vizinho. Ele observava esses marcos à distância e os imaginava por dentro.



De vez em quando, o jornal lembrava: "Morte no Martinelli". No ritual familiar de visita ao centro - ou à cidade, como se dizia - ele se perguntava quem manteria as luzes do prédio acesas às nove e meia da noite. Esta é uma imagem importante quando pensamos na cinematografia deste diretor que sempre partiu em busca das motivações. O prédio virou personagem de seu documentário pouco visto *Edifício Martinelli,* de 1975. Embora descreva a decadência das instalações, ocupadas por sem-teto vanguardistas durante a ditadura militar, o filme encosta na ficção ao esmiuçar as vidas dos habitantes e permitir a histórica fala do zelador: *"As pessoas não vêm aqui para matar, elas vêm para se suicidar."*



Há um festival de psicologias e iluminações em Giorgetti, desde o início de sua filmografia, desde esse *Martinelli,* sem que muitas vezes o espectador se dê conta disso. O diretor sempre examina as salas e os corredores, colocando humor e incredulidade nos interiores, porque assim a vida se apresenta, e nós gostamos da vida. No mesmo *Jogo Duro,* obra que é pintura, enxuta e densamente colorida, talvez o mais psicológico entre seus filmes (e o mais marginal), pela primeira vez se vê o triângulo amoroso, consagrado anteriormente por intelectuais do cinema como François Truffaut ou Michelangelo Antonioni, aplicado aos personagens deserdados do lumpesinato urbano. Poucos entenderam a obra quando ela apareceu, embora seu efeito perturbador, o de dizer coisas novas de maneira difícil, sugerida, tenha aberto portas ao cineasta. Um jornal do Rio afirmou à época, com graça involuntária, que tal filme demonstrava a "necessidade urgente" do surgimento de uma geração de roteiristas.



Uma mulher é personagem central de *Jogo Duro* (fato em si excepcional), servida voluntariamente a dois homens, para sua sobrevivência e à da filha. Dito assim, este argumento pode sugerir a sacanagem dentro do filme, mas ela inexiste, apesar de o produtor-associado Raul Rocha ter pertencido à lendária Boca do Lixo, centro da cidade onde se filmava muito até os anos 80, com a obrigatoriedade de uma certa pornografia. Em *Jogo Duro,* os olhares dos atores têm todo o tempo para dizer o essencial, o subterrâneo, este literalmente composto no subsolo de uma casa vazia. Cininha de Paula é quase uma atriz de cinema mudo ali, filmada na excepcional escuridão de Pedro Pablo Lazzarini. Ela tem de mostrar o que diz e o que pensa, e o faz simultaneamente, como se o pensamento da personagem ganhasse estranhas legendas enquanto o diálogo corre. É um dos filmes mais sofisticados e emocionantes do Brasil, para que o Brasil o desconheça.

Talvez não perdoem a Giorgetti a frieza. O respeito exacerbado por todas as coisas brasileiras. Pelo bilhar. Pela pobreza. Pelo futebol. A música erudita para esse cenário, sempre feita pelo irmão Mauro. Talvez não lhe perdoem que trate das nossas marcas colonizadas sem o riso - e talvez, por isso, vejam o riso onde ele não há. O fato é que o diretor caminha consciente e irredutivelmente na contramão dos pontos de vista artísticos locais, sejam os bem-humorados, sejam os violentos. Ele não engrandece as coisas, nem as reduz. É paciente. Bye bye Brasil, bye bye filme popular. Há uma revolução entranhada nas imagens fotografadas corretamente pelo artista, uma revolução madura, distante e silenciosa, que não foi ele a iniciar, mas a incutir nela novos pontos de luz.

Se assistimos à obra de Dino Risi, seus tipos engraçados que falam disfarçadamente de nossa desgraça, sob luz perfeita, entendemos Giorgetti. Mas não só. Ele está, por exemplo, no Valério Zurlini de *Dois Destinos* (Cronaca Familiare, 1962), de onde deve ter nascido O Príncipe, este também um filme sobre as amizades e lealdades, como *Era Uma Vez na América* (Once Upon a Time in America, 1983), de Sergio Leone, que o diretor tanto preza. Giorgetti está em certas passagens irônicas, demolidoras e difíceis de explicar de Luis Buñuel, outro diretor "engraçado" - e é preciso se lembrar do cadáver nazista no elevador em *Sábado* e da velha comendo bananas na porta do casarão em *Jogo Duro* para que a comparação se firme. Ele está em todos esses cantos, recusando-se, contudo, à paisagem física de Risi, Zurlini ou John Ford. Usualmente se concentra naquele abafamento de poucos ambientes - um hábito que começou com uma desculpa, quando não tinha recursos para se lançar a um filme, e filmar no mesmo local deixava a produção barata. Seu olhar se volta para dentro, para os quartos de interruptor ligado, tenha o diretor dinheiro para as externas ou não.



Em um primeiro encontro em agosto de 2002, ocasião em que lançava *O Príncipe,* e em seis novas entrevistas no escritório de sua produtora, a SP Filmes de São Paulo, na Vila Madalena, em abril, maio e dezembro de 2003, além de seguidos cafés de padaria, Giorgetti falou, ora com divertimento, ora com tristeza e indignação, sobre assuntos tão diversos quanto seus filmes, amigos do cinema, influências e o estado da cultura brasileira. Suas respostas vieram sempre com a demora de segundos, nos quais a grande inteligência do diretor operava uma resposta sucinta, humorada, responsável pelo encaminhamento da fala a um canto mais interessante do que a pergunta sugeria. O interlocutor apressado perde o melhor que ele tem a oferecer, a precisão de observador, às vezes percebida tempos depois de emitida a frase, mais ou menos como acontece com seus filmes. Procurei não me apressar.

Nas paredes brancas da sala do escritório onde transcorreu a maior parte de sua fala, as imagens penduradas impuseram-se a nosso diálogo "caótico", como ele bem o definiu. As imagens eram cartazes dos filmes *Deus e o Diabo na Terra do Sol* e *Era Uma Vez na América;* Marilyn Monroe numa sala de conferências do Actor's Studio, por Roy Schatt, em 1955; Greta Garbo em still publicitário; o malandro Quinzinho no cartaz da única peça que o cineasta dirigiu, *Humor Bandido*, em 1982; fotos dos cineastas Roberto Santos e Denoy de Oliveira; o fotógrafo Chick Fowle; os pugilistas Kid Jofre e Zumbanão; os três filhos do diretor. No sofá, eu encostava a coluna na almofada da qual emanavam os carões de Bruna Lombardi e Eduardo Tornaghi em foto de *O Príncipe,* filme espetacular que ainda não mereceu o sucesso de público sugerido por aquele suvenir.

Giorgetti jamais recusou minhas questões, nem mesmo aquelas ligadas à sua família e infância, talvez porque fossem formuladas no tom que sua presença amigável e educada indicava - o tom de conversa. Por orientação dos editores da coleção a que este livro pertence, as perguntas feitas foram sabiamente eliminadas do texto final, embora isso tenha, de início, desagradado ao diretor, vindo de uma família na qual a discrição era precioso código: *"Vai parecer que só falo de mim."* Quando realizei as entrevistas, pensava utilizá-las como material para uma análise particular da incrível capacidade de fabulação do artista, que eu via como um romanceador à maneira dos Novecento, de imaginação precisamente enredada nas feições e fascinações dos viajantes da cidade. O tempo transforma tudo, como diria este cineasta, e o convite dos editores transformou o livro no depoimento biográfico e cinematográfico de um dos grandes artistas do Brasil.



Sublinhei os tópicos insistidos por ele durante as entrevistas, da função do diretor ao melancólico estado da cultura local, e busquei esclarecer os pontos de vista e as motivações de cada um de seus filmes. Esta parte foi reconstruída por ele com algum esforço. O cineasta demonstrou delicada impaciência ao descrever razões para uma obra ou uma cena. *"Não me coloque fora da linha do tempo"*, pedia. E valorizava as histórias que aprendera à distância de seus filmes, ocorrida com amigos, especialmente aqueles das fotos na parede do escritório.

Este profissional vê o cinema como a soma de circunstâncias. *"Sou um superficial, um mediterrâneo, o dia inteiro tomando sol, não sou um alemão atrás das profundezas da alma"*, quis me assegurar. Minha insistência em qualificá-lo como um pensador contemporâneo, em vê-lo como quem confabula idéias à moda do escritor, isolado das condições de produção de um filme, era algo que lhe parecia incompreensível, para não dizer sem propósito. Seu respeito à literatura é incondicional. *"Quando você começa a ler, o cinema passa a ser uma arte menor."*

Mas eu tinha uma razão. Ele próprio havia dito, por exemplo, que entre o primeiro tratamento do roteiro de *O Príncipe* e o filme como o conhecemos não havia uma diferença substancial. Então, o que tramava sozinho, antes de um ator ou de um cenário se mostrarem caros demais, tinha o sabor da criação original, ainda que adaptada às circunstâncias de filmagem. Mais, era uma criação com profundos ecos sobre o que nós, espectadores, somos e seremos, uma mistura de arte e predição em cada filme. Giorgetti, contudo, minimizou esses encantamentos. Admirador da obra de Akira Kurosawa, Joseph Losey, Dino Risi, Luis Buñuel, Roman Polanski e Orson Welles, entre tantos, ele não gosta de brincar de Deus. *"Quando começo a achar que cinema é fácil, assisto a Rastros de Ódio* (The Searchers, 1956), *de John Ford."*



*"Não sou nada, nunca serei nada, não posso querer ser nada; à parte isso, tenho em mim todos os sonhos do mundo"*, escreveu o Fernando Pessoa da predileção do diretor, e ele repetiu os versos do poeta português em imagem-síntese

de *Uma Outra Cidade*, documentário de 2000 que situava a São Paulo que seus amigos de adolescência conheceram e formaram, amigos-poetas da importância de Claudio Willer, Antonio Fernando de Franceschi, Jorge Mautner, Roberto Mugiero, Décio Bar e Rodrigo de Haro, entre muitos mais. Eles compuseram com Giorgetti esta outra vida paulista, beat, surreal, anarquista, fundada na palavra, no ócio produtivo do filósofo Vicente Ferreira da Silva, nas noites do Paribar onde o vinho Trapiche era degustado com seriedade e esquecimento, e também Fogo Paulista.



Talvez por este hábito bastante antigo de manejar diálogos, vozes e sons, por este ouvido seu, em grande medida musical, Giorgetti só dirija o que pessoalmente escreve, já que o faz com facilidade e rapidez. *"Cinema não é arte plástica, é arte dramática"*, ele crê. Como se disse, ele considera o "sonho intacto" apenas o ato de redigir. Isto o transforma num caso de certa forma particular dentro do cinema. O diretor americano Billy Wilder, que fez uma carreira como roteirista, achava que escrever era preparar a cama para o diretor pular em cima; preferia, então, pular em cima da cama preparada pelo roteirista contratado. Para Giorgetti, que jamais foi convidado por alguém a fazer um roteiro, as coisas não funcionaram assim. Por seu conhecido respeito à literatura, ele jamais afundou o colchão de Clarice Lispector, digamos. Mais: toparia ser ministro da Cultura durante uma ditadura só para fazer valer um "decretinho", aquele que proibiria adaptar Guimarães Rosa sob pena de prisão inafiançável...



A intuição do diretor-escritor é o que impressiona, e ela o leva a lugares não percorridos pela cinematografia nacional, pela literatura e mesmo pelo teatro feito na atualidade do país. Nelson Rodrigues e José Lins do Rego, por exemplo, analisaram o futebol, mas não fizeram ficção a partir de tema tão universal. Ninguém no Brasil praticamente fez, a não ser Giorgetti em *Boleiros*. Pode-se dizer que ele inventou o tema para caracterizar o pensamento do povo de um lugar.

Ele se diz um diretor de personagens, mais do que de paisagens, necessárias às suas narrativas como um relevo. As tomadas de cima ou à distância aparecem comedidas em seus filmes. Giorgetti está ao lado dos protagonistas, naquele nível direto pelo qual os observa. Por permanecerem próximos, seus personagens talvez precisem da tremenda nitidez fotográfica (esquisita para um país) que ele lhes dá. Para a cena de *O Príncipe* na qual a personagem de Bruna Lombardi se dirige à missa de sétimo dia, ele planejara chuva, mas desistiu quando viu o resultado filmado, a seu ver parecido com um comercial. Muita limpeza, sempre, parece ser sua opção segura e honesta, ele que quer comunicar sem esconder. O olhar que escolhe é firme e demorado, olhar que ele se arrepende de não ter capturado da mesma Bruna naquele instante. *"Não sou um diretor profissional"*, diz às vezes, surpreendentemente, para justificar uma ou duas falhas, possíveis ou desimportantes, de seus filmes.



Mas ele também diz: *"Cinema não é brincadeira de criança"*, e ao fazer isso repete a filosofia de

Eder Jofre em relação ao boxe, presente em *Quebrando a Cara*. Em algumas linhas sutis de sua fala, Giorgetti cita Quinzinho, o malandro da Boca do Lixo, além de outros de seus queridos amigos marginais. No início de *Quebrando a Cara,* Giorgetti está com o pugilista numa mesa de restaurante e lhe pergunta: *"O que você gostaria que fosse um filme sobre a sua vida?"* Eder Jofre lhe responde: *"Não queria que fosse cinema. Não queria que fosse bonito. Queria a realidade."* De forma semelhante é este diretor, impaciente até o fim contra as "espessas folhagens" de técnica que cobrem a falta de um verdadeiro assunto nas obras de cinema: *"Nunca vi um grande livro que não se pudesse ler."*



As obras de Giorgetti se comunicam rapidamente com seu público. Não há um espetáculo que caia mal a seu espectador, pelo menos desde Festa, de 1989. Há, sim, os filmes mal distribuídos, mal vendidos que, com o vídeo, recuperam vida diante da assistência. Durante nossas conversas, incomodava-lhe a recepção fria a O *Príncipe* ou, melhor dizendo, a insuficiência de discussão a partir dele. Tudo mudou tanto que mal nos reconhecemos, como sugere o personagem interpretado por

Eduardo Tornaghi nessa obra crucial. Giorgetti pôde comprovar ao lançá-la que as discussões de cunho intelectual, o debate, a polêmica, existem pobremente no cenário da imprensa brasileira. O tempo, tema de *O Príncipe,* encarregou-se de destrui-la, como destruiu o ensino, a medicina e a cultura retratados no filme. O diretor diz muitas coisas difíceis sem pestanejar e espera que o público as aceite. Joga duro com o espectador (para citar a expressão usada no título de sua primeira ficção) porque crê que sua cumplicidade com ele, ou alguma forma de amizade nascida da relação com seus filmes, suporte essa ternura.



É preciso que o tempo devorador destrua a imagem enganosamente positiva que guardamos de nossos templos e de nossos quintais, para que façamos melhores templos e quintais maiores.

Enquanto isso, Giorgetti apenas continuará filmando, esperemos que sem pedir permissão, no eterno jogo duro contra as ilusões de todos.

Rosane Pavam
Dezembro de 2003

## Capítulo I
## Era Uma Vez a Ópera

### 1. A cidade abaixo

Nasci em 28 de maio de 1942, de uma família de origem toscana, na zona norte de São Paulo, mas meus pais eram paulistanos do centro. A origem de meu pai, Osvaldo, foi a Rua Santa Ifigênia, e a de minha mãe, Elza, a Brigadeiro Galvão. Criança, meu pai se mudou para a Rua José Paulino, no Bom Retiro, e minha mãe ficou na Rua das Palmeiras. Quando se casaram, eles foram morar em uma casa que meu avô construíra em Santana. Cresci nesse bairro de imigração multiforme, de características diferentes de um Bexiga ou de uma Moóca, estes mais homogêneos com seus italianos. Em Santana, havia poloneses, por exemplo. Os judeus moravam na Rua Voluntários da Pátria e os italianos, na Alfredo Pujol, onde ficava minha casa. Muitos desses imigrantes, naqueles anos 40, chegavam da guerra na Europa. O cenário se parecia com o do filme *Era Uma Vez na América,* de Sergio Leone. Santana era como aquele Brooklyn, muita confusão na rua: bondes, automóveis, cavalos, ônibus, pessoas com capote europeu sob o sol brasileiro, sotaques impressionantes, muito interessantes, nomes impronunciáveis, dos quais imediatiamente se fazia uma corruptela. Hopfel virava "Fofo". De Ugo, tiraram "Sabugo". Não dava para escapar.

Era um bairro com núcleo comercial e residencial estabelecido e, ao redor dele, uma enorme várzea de campos de futebol se estendia de onde hoje é o centro de Santana até a Ponte Grande. Isto é, todo aquele pedaço que atualmente compreende as avenidas Santos Dumont e Braz Leme, circundando o Campo de Marte, tinha somente bosques e campos de futebol. A vida em Santana terminava no meio da Voluntários da Pátria e era retomada depois da Ponte das Bandeiras, no trecho onde virava Ponte Pequena. Todo aquele pedaço não era nada, passava um bonde e só. Do alto de Santana, eu via o edifício Martinelli, os prédios do Banco do Brasil e do Banco do Estado.

Eu jogava futebol naqueles campos de várzea. Gostava do esporte, joguei muito tempo, mais na defesa que no ataque. Eu ia bem. O estádio da Portuguesa era próximo, no Canindé, e cheguei a treinar no clube com amigos que depois se profissionalizaram naquele time, como o Silvio, o Foguinho e o Nilson. Quem joga bem um esporte joga bem todos, e foi o que aconteceu comigo. De 1957 a 1963, fui armador no time de basquete do Espéria, no qual a estrela era o Ubiratan. Até pouco tempo, eu ainda disputava partidas entre os veteranos.



Havia também bilhares na vizinhança. Sobretudo um, muito famoso, o Bar e Bilhares Brasil, na esquina da Alfredo Pujol com a Voluntários da Pátria. O slogan do estabelecimento era o seguinte: "Bar e Bilhares Brasil, famoso até no Nordeste". Pode parecer uma fanfarronice, mas não era. Os marginais chegavam às vezes de ônibus e eram avisados que a polícia os esperava de braços abertos no centro. Então, eles entravam pela via Dutra e, em vez de ir para a região central, dirigiam-se para Santana.

Paravam na sinuca do Bar Brasil, viam-se, efetivamente, havia algum problema e voltavam para o centro se alguém dizia: "A barra tá limpa, pode ficar aqui."

Sinuca havia muitas no bairro, mas meu pai, imagine, não ia a nenhuma delas. Se sabia que eu andava por lá, ficava completamente decepcionado. Hoje, a televisão, depois de transmitir alguns campeonatos, dá um pouco de respeitabilidade ao jogo, mas na época ele era muito mal-visto. A burguesia bem postada, comportada, não ia à sinuca. Minha mãe odiava que eu fosse, inclusive. Meus pais liam bastante, eram pessoas normais, de boa formação, ela professora primária, ele engenheiro interessado em filosofia.



Meu pai gostava de artes plásticas, tinha o requinte da apreciação. Mas não a ponto de influir na minha formação visual. Em minha casa, não havia reproduções de quadros de pintores penduradas. Tínhamos, sim, uma imagem da Santa Ceia em certo relevo, sobre o qual uma vez meu irmão Mauro passou a brocha, irritado que estava por ter de pintar a parede da sala. Não havia imagens de santos em casa, porque meu pai era totalmente incrédulo. *"Odeio fanatismos!"*, dizia, como bom racionalista empedernido. Seu horror incluía de católicos a muçulmanos. Ele era como todo engenheiro antigo: acreditava numa ciência baseada em filosofia, na ciência que era o fundamento da existência. Difícil imaginar isso num engenheiro de hoje, que só constrói coisinhas. Minha mãe também não praticava religião. Ela nos dizia, no entanto: *"Nesta casa, ninguém vai à missa, mas seria bom que vocês fossem, hein?"* Acreditava cumprir seu dever ao falar conosco assim e não dar o exemplo. Não guardo imagens especiais de pintores na minha cabeça. Mas sempre gostei de arquitetura, e somente das fachadas. Estou com o senhor Giuseppe Martinelli, que construiu um belo exterior em seu edifício sem ter a mínima idéia do que fazer dentro dele. Por mim, os interiores permaneceriam vazios. Meu problema é com o acrílico que cobre as fachadas de hoje, faixas diante de tudo.

Há um grande componente plástico no cinema e procuro me preocupar bastante com ele, sabendo que não é meu forte. Mas não considero o cinema uma arte plástica. A meu ver, é uma arte dramática, que supõe a existência das palavras na narrativa. Hoje, só me interesso pela arte ingênua, feita por necessidade honesta. Pictoricamente, meu interesse está em um artista como Ranchinho, cujas pinceladas desesperadas e esquizofrências lembram um Van Gogh, sem que ele jamais tenha ouvido falar do pintor holandês. Não gosto da arte conceitual, que tem de ser explicada. É uma manifestação conceitual, mas também terminal: ela coloca a arte num impasse tão grande que só a dissolução parece resolvê-lo. Basta ler Tom Wolfe em *A Palavra Pintada* para entender isso.



Não freqüento bienais. Para tomar bolada, vou a um terreno baldio. Até no Museu do Prado, em Madri, parece difícil comparecer. Fugi da fila ciclópica para ver uma exposição de Édouard Manet, mas quando cheguei diante de um Tintoretto enorme, de grande fulgor, tudo o que eu percebia era o "quaquaquá" dito em bom som pelos visitantes. As artes plásticas vivem um impasse semelhante ao sofrido pela música erudita de um John Cage, por exemplo, que não supõe a emotividade. Quem continua assistindo a concertos desse tipo? Certa música e certa arte estão condenadas.

Na minha família, ninguém exercia a música, a não ser, depois, um dos meus dois irmãos, o Mauro (o terceiro chama-se Flávio). Meu pai, uma época, mexeu com o cello, tem um cello quebrado em casa, provavelmente dele. A São Paulo daqueles tempos não oferecia muitos concertos. Na década de 40, havia a Orquestra da Rádio Gazeta e a do Theatro Municipal, que tocavam esporadicamente. Música de câmara inexistia. Ópera, entretanto, ouvia-se muito.



Meu pai e minha mãe, antes de se casarem, iam com freqüência assistir a esses espetáculos musicais. Mesmo depois de casados, de vez em quando prestigiavam as apresentações, mas não levavam os filhos. Cresci ouvindo ópera e opereta, elas me acompanharam a vida inteira, meu avô gostava delas.

Não sou um fanático por ópera, mas observo a dificuldade de compor dentro desse gênero. Tenho a impressão de que, quando você realiza uma música sinfônica, não está fazendo nem a metade daquilo esperado do compositor de ópera, que tem de ser um cara dotado. Numa sinfonia, usam-se só instrumentos, mas na ópera é preciso trabalhar com a voz, com o drama. Não é brincadeira para criança.



Noto que a intelectualidade vem tratando a ópera, sobretudo a italiana, com desinteresse, enquanto a alemã é objeto de idolatria. Não ligam para Rossini, nem Mozart, se bem que a maior obra deste último, segundo um consenso atual, fosse de câmara. Mas eu estou chegando à conclusão que esses caras eram gênios absolutos. Principalmente Giuseppe Verdi. Eu ouvi muito suas peças e, numa época, nem agüentava mais *La Donna è Mobile.* Hoje, contudo, devo reconhecer que era um compositor de primeira linha, extraordinário mesmo. Veja o seu *Macbeth.* Ele aproveitou tudo o que havia de bom na peça de William Shakespeare e fez ainda mais.

Minha família não vivia só de ópera. Meu pai tinha ouvidos para tudo. Ao meio-dia, pela Rádio Gazeta, ouvíamos a *Música dos Mestres.* Eu amava o maravilhoso prefixo do programa. Perguntei-me por anos que música seria aquela. Queria ligar para a Rádio Gazeta indagando, porque ninguém identificava a autoria. Por fim, descobri tratar-se da *Ária da Quarta Corda,* de Johann Sebastian Bach.



Embora meu pai tivesse esse pendor para a ópera, sua vida profissional não levava a música em conta. Ele era engenheiro mecânico eletricista, depois resolveu ser químico e, para isso, pediu um exame ao Ministério da Educação. Uma junta lhe concedeu o diploma que ele desejava. Muito tempo depois, resolveu se submeter a outra avaliação para se transformar em engenheiro civil. Deram-lhe o certificado, mas ele só foi autorizado a erguer construções de até três andares.

Ele era uma pessoa muito inteligente, um intelectual. Fazia questão que nós, seus filhos, de uma terceira geração de italianos, estudássemos a língua de origem da família, além de inglês e francês. Europeísta, via a Itália como país central dentro do continente, embora não admirasse o italiano médio (ninguém admira). E tinha preconceitos muito engraçados, contra os Estados Unidos e a Rússia. Cresci com esta referência. Jamais iria a um festival de cinema em Sundance, por exemplo. Como um cara da minha geração poderia confiar num lugar com esse nome? Ou esperar que seu roteiro fosse analisado em Sundance (Park City, Utah)? Habituei-me a centros de cultura um pouquinho mais tradicionais.



Na minha casa, éramos todos contidos, discretos, nunca vi efusões entre nós, ao contrário do que acontecia nas casas italianas dos filmes. Eu até estou detestando - mesmo sem fazer nenhuma confidência - falar sobre tudo isso, juro por

Deus. Eram pessoas, meu pai e minha mãe, que consideravam falta de educação incomodar quem quer que fosse com algo que o constrangesse. Se você chorasse na frente de uma pessoa, ou se emocionasse, ou abraçasse alguém, diziam, poderia causar embaraço. *"Todos os nossos problemas ficam entre nós, resolvemos dentro de casa"*, eles diziam. O que não significava que não fossem pessoas emotivas como todo italiano é, principalmente minha mãe. Mas tinham horror a gritos. Acabei no cinema, onde são efusivos e gritam. Minha mãe nunca entendeu isso direito.



Meus pais, embora fossem pessoas lidas, não escreviam textos literários. Meu pai era, pode-se dizer, um engenheiro dos velhos tempos. No fim da vida, trabalhava na Cohab. Tinha mais de 70 anos quando se viu responsável pela eletricidade de um conjunto habitacional, o que, convenhamos, não era uma tarefa fácil.

Freqüentemente chegava desanimado do trabalho. Dizia: *"Não é possível, não consigo enten-*

*der os relatórios!"* E corrigia o português de todos os funcionários. Ele escrevia muito bem, de uma maneira formal evidentemente. E embora todos falássemos italiano, não conversávamos em italiano com ele. Usávamos o idioma principalmente com nossos avós, que moravam ao lado. As pessoas ouviam meu pai e perguntavam: *"De que parte da Itália o senhor vem? É toscano?"* Ele tinha a mania de corrigir o italiano dos outros, então não dava para conversar com uma pessoa assim. Além do quê, sempre havia um primo que não falava a língua entre nós. Dentro de nosso código de educação familiar, excluir um ouvinte era uma atitude inadmissível.



Aprendi mais o italiano lendo. Durante um período longo eu não falei a língua, o que voltei a fazer depois da adolescência. Não havia colégio italiano perto de nós, nem meu pai podia nos colocar no Dante Alighieri (na região dos Jardins). Não éramos gente que tinha dinheiro. Estudei no Grupo Escolar Buenos Aires, do Estado, até o quarto ano. Depois, fui para o Colégio

Estadual Dr. Otávio Mendes até o fim do colegial. O Buenos Aires permanece no ponto final do metrô Santana, embora não se chame mais Buenos Aires. O Otávio Mendes ainda existe sob o mesmo nome. Eram instituições muito boas. Antes, a gente se estapeava para entrar em colégio de Estado. O francês que eu tinha ao entrar na faculdade, e que me possibilitava ler suficientemente, foi todo aprendido em escola estadual, com um professor maravilhoso, o João Galo. Retrospectivamente, vejo que era uma escola muito boa, embora a gente reclamasse dela o tempo todo.

## 2. Cachorros na Filosofia, tristes trópicos na Gessy

Eu oscilei, errei, vaguei, antes de chegar à Filosofia da Universidade de São Paulo, na unidade da Rua Maria Antônia, em 1963. Na escola estadual, optei pelo Científico. Quando cheguei ao segundo ano, decidi, com um amigo: *"Precisamos sair disso!"* A decisão causou um estranhamento familiar, mas eles nunca me impediram de fazer o que quer que fosse, não tive problema nenhum com meus pais. Me lembro de ter tomado aula de Latim com um ex-seminarista antes de entrar no Clássico, e de ter gostado muito da língua.



No primeiro ano do Científico, foi tudo bem. No segundo, me reprovaram. Fui buscar as notas, olhei a caderneta e pensei: não posso voltar para casa. De onze matérias, passei em três. (Esta caderneta, aliás, o Mauro, meu irmão, teve a pachorra de guardar e mostrar para os meus filhos. Um deles falou: *"Em química você estava razoável, tirou nota 5!"* E aí veio o Mauro: *"Olha bem! Não era 5, era 0,5!"*).

Enfiei a caderneta no bolso, peguei o ônibus na porta do colégio, na Voluntários da Pátria, e fui parar no Largo Paissandu, onde me dirigi a passos trôpegos para o Cine Paissandu, que inaugurava em 1958 com o filme *Sayonara* (1957), de Joshua Logan, Marlon Brando no papel principal. Só fui mostrar a caderneta para meus pais três dias depois.

Eu gostava de Filosofia, meu pai também. Na biblioteca dele havia muitos volumes do filósofo alemão Friedrich Nietzsche, com o qual tomei contato ali. Até hoje tenho livros de meu pai que resumiam preceitos de filosofia com trechos de Platão, de Sócrates. A uma certa altura da minha vida, falei: *"Filosofia, vamos nessa!"* Estavam todos perdidos como eu, os garotos da época. Já conhecia então os poetas Roberto Piva, Antonio Fernando de Franceschi e Claudio Willer, protagonistas do meu documentário *Uma Outra Cidade.*



Em 1955, aos 13 anos, um cara da minha idade, o Roberto Rugiero, a quem aliás dediquei esse documentário, mudou-se da cidade para Santana. Ele tinha estudado no Dante Alighieri e odiado a experiência, nem podia ouvir falar da escola. Nutria certa idolatria pelo Jorge Mautner, o poeta e compositor, porque Mautner definitivamente fora expulso do Dante. Rugiero e eu ficamos amigos ele foi para a História, mas não terminou o curso, como eu em relação à Filosofia, e hoje trabalha com arte ingênua numa galeria da Rua Artur Azevedo, a Brasiliana. Como havia estudado com o Mautner, o Rugiero voltava de vez em quando à cidade para encontrá-lo. Do Mautner ele migrou para o Willer, e me levou junto. Fiquei, assim, conhecendo todo esse pessoal, de quem até hoje sou amigo.



Formávamos a "Turma da Biblioteca", que vivia em torno da Biblioteca Municipal Mário de Andrade, na Praça Dom José Gaspar, cenário de *O Príncipe*. No Paribar, ali situado, passávamos horas, às vezes três ou quatro, bebendo e lendo um livro inteiro que acabáramos de roubar. Éramos todos existencialistas, mas nenhum de nós tinha cara de mártir. Nós nos divertíamos ao demolir, por meio de manifestos, gente como Paulo Bonfim, Jamil Mansur Haddad, Guilherme de Almeida e os concretistas. Mesmo Décio Bar, que se suicidou em 1985, era, naqueles anos, o mais sarcástico e divertido entre nós. Me lembro de vê-lo andar sábado à noite na direção do Paribar, encolhido sob o clima frio e chuvoso, com um livro de Antonin Artaud nas mãos. Pensei: *"Onde será que ele roubou o livro a esta hora? Que livraria está aberta às 10 da noite?"* Eu era um participante simpaticamente interessado no grupo, mas não escrevia nada.



Este meu grupo, e na verdade toda a minha geração, tinha muito interesse pela Europa. O Roberto Piva nunca visitou o continente, porque tem medo de avião (para o Rio, deve ter ido umas duas vezes), mas sabia de cor o Canto III da *Divina Comédia.* Fez um curso sobre Dante Alighieri com um italiano responsável por traduções de João Guimarães Rosa para esta língua, o então adido cultural da Itália em São Paulo, Eduardo Bizarri. Todo mundo era ligado na Itália, na França. A França tinha uma importância brutal para nós. No Brasil, naquele tempo, não se traduzia nada de literatura. De Franz Kafka, havia *A Metamorfose,* mal e porcamente vertida ao português. O resto, era preciso encontrar na Livraria Francesa, centro da cidade. E também na Parthenon, Mestre Jou, Loja do Livro Italiano e Palácio do Livro, conforme está descrito em *Uma Outra Cidade.* A Livraria Cultura nem existia.

Eu não trabalhava, na época. Não fazia nada porque havia aquele negócio de ser bancário, e eu me recusava a isso. Andei vendendo assinatura de revista, mas não entregava as revistas... Sempre precisei de muito pouco dinheiro. Estudava em escola pública, e a gente roubava livro. Além disso, existiam a biblioteca pública e os volumes de meu pai, muitos deles adquiridos em "O Livro do Mês", clube de leitura que ele assinava. De vez em quando, no meio daqueles títulos, aparecia um Graham Greene, um Herman Melville, um Lima Barreto. Eu não precisava mesmo de muito dinheiro.

Dizia a mim mesmo: *"Não vou trabalhar em banco. Prefiro não ter um centavo do que me sujeitar."*

Fiz Filosofia na Rua Maria Antônia de 1963 a 1965. Não concluí o curso por uma série de razões. Perdi meio ano, por exemplo, porque achei que o professor Fernando Henrique Cardoso era legal na cadeira Sociologia I. Era legal mesmo, eu é que não gostava do curso dele. Fiz o Antonio Cândido também, por quatro meses... Era tudo meio caótico, como a época. Em 1963 houve a efervescência; em 1964, o golpe; e em 1965, o horror. Em alguns dias tínhamos aula, em outros não, os cachorros e os guardas percorriam todos os cantos da faculdade. Eu estava lá quando invadiram o prédio da Maria Antônia, em 1965.



Foi muito curioso esse episódio da invasão. No momento em que ela começou, eu me encontrava no pequeno corredor de entrada do prédio, olhando fotografias de formandos nas paredes do lado esquerdo e do lado direito. Não sei por que cargas d'água parei para fazer isso. Olha que loucura: justamente naquele instante, eu estava diante do painel de fotos, pensando sobre o início da faculdade, e enquanto analisava a imagem do professor José Arthur Giannotti, via seu cabelo em uma das fotos de formatura, passou o pelotão. De costas para os policiais, e ainda fora da entrada da faculdade, eu não poderia obstruir a passagem deles - e, assim, não me viram, nem me incomodaram. Se eu não estivesse olhando para o Giannotti naquela hora, teria levado uma coronhada na cabeça ou teriam me levado para a cadeia.



Saí pé ante pé, passando pelos cachorros na calçada. Haviam bloqueado as ruas Dona Veridiana, a Consolação com a Maria Antonia, a Dr. Villanova. Quem estava naquelas imediações, portanto, não saía. De repente, avistei um bar em frente que estava fechando. Entrei antes de a porta descer totalmente. Lá dentro fiquei com mais cem caras por cinco horas, até a invasão acabar, por volta de uma hora da manhã. Quando a gente deixou o bar, quem tinha sido recolhido, tinha. Os ônibus que bloqueavam as ruas serviam para levar quem eles pegavam, e como os veículos não estavam mais lá, era um sinal de que não prenderiam mais ninguém. Também, onde iriam carregar mais gente? Só se chamassem uma viatura. E eles levaram o que puderam em três ônibus! Naquele tempo, contudo, diferentemente do que ocorreu nos anos seguintes, ainda não existia tanto problema: você ia preso, depunha e saía. O pessoal detido foi liberado no dia seguinte. O que a polícia fez de verdade foi quebrar a gráfica, veja que ridículo. Quando a ditadura engrossou mesmo no país, em 1968, eu não estudava mais na Maria Antônia.



Deixei a faculdade porque realmente precisava de salário. Com 20, 21 anos, começava a ter despesas. Minha mãe trabalhava, meu pai também, e ficava chato para mim aquela situação, já que eu ainda morava com eles. Um dia vi um anúncio no jornal procurando universitários de Ciências Humanas para atuar no departamento pessoal da Gessy-Lever. Me aprovaram e lá fui eu. Passei a estudar à noite, em 1965, e a trabalhar na empresa durante o dia. Com isso, não conseguia terminar o curso, porque a escola era exigente e direta. Pelo menos o Giannotti era. Dizia: "Quem não sabe francês pode ir embora. Quem não sabe alemão devia aprender. E quem não sabe grego, arrumei umas aulas agora à tarde, com uma professora da Letras, porque sem grego também não dá para continuar."

Como é que eu podia trabalhar o dia inteiro e levar um curso desses adiante? Alguns até conseguiram. Me lembro que dois caras mais velhos dispunham um pouco mais do horário deles e acompanhavam bem a aula. Mas eu tinha de ficar na Gessy-Lever das nove da manhã às cinco da tarde! Não tenho nenhuma força de vontade. Ia um dia à aula e ninguém aparecia, no outro dia o professor tinha ido para o Chile.



Além do mais, sou um superficial: leio Descartes, mas não tenho paciência para Hegel. Foram três anos na Maria Antônia, passei em Teoria do Conhecimento, sem a qual você não podia fazer a cadeira do Giannotti, mas o resto era demais.

Na Gessy-Lever, eu fazia a seleção de pessoal. Só admitia pessoas, nunca demitia ninguém, graças a Deus. Fazia longas entrevistas com os candidatos a emprego, mas tinha pena deles por precisarem tanto do trabalho. Na época eu lia os livros do romancista americano Henry Miller. Em 1964 o autor tinha explodido no nosso grupo de amigos, porque antes dos anos 60 não havia nada dele, publicado aqui. Surgiu o *Trópico de Câncer* e eu falei: *"Esse cara é mais ou menos."* Logo depois, veio *Trópico de Capricórnio* e me rendi. Era uma maravilha, uma obra-prima, sobretudo quando ele falava da infância. E o personagem dele trabalhava justamente no departamento pessoal da Companhia Telefônica! Portanto, eu lia uma coisa ao mesmo tempo que fazia essa coisa, embora o personagem de Henry Miller operasse com os mensageiros e eu às vezes recebesse o engenheiro, sem nem ter condição para entrevistá-lo.

Pensava eu, enquanto fazia o trabalho: *"Isto aqui é a humanidade! Deviam pôr todo mundo para dentro! Ficar fazendo teste!"* E então, claro, me mandaram embora. Mas até que me demorei por lá. Entrei na Gessy-Lever em outubro de 1964 e saí em julho de 1966. O Gilberto Gil, músico e ministro da Cultura, entrou na companhia naquela época (não fui eu que o selecionei). Na minha passagem por esse cargo, cometi imprudências. Havia, por exemplo, os candidatos de alto nível, os denominados trainees, que a empresa planejava formar e que eu deveria selecionar de faculdades como a de Direito do Largo São Francisco, a Economia da USP. Um dia mandei um cara desses ser examinado pela cúpula da empresa. Na entrevista com os diretores, ele fez um baita discurso contra as multinacionais, principalmente as holandesas e inglesas (justamente o caso da Gessy-Lever). Anos depois reencontrei esse cara, o Paulo Azevedo. Trabalhava em publicidade.

## 3. Farra no Hollywood

Onde entrava o cinema em meio a isso tudo? O cinema era assim: durante a minha infância e adolescência, ele servia para a gente perturbar as meninas da matinê e para assistir às sessões de faroeste. Não me lembro de nenhum filme que tenha me impressionado naquele momento, com a exceção de *O Matador (The Gunfighter,* 1950), dirigido por Henry King. O filme me impressionou como aventura. Mas, quando você começa a ler, o cinema passa a ser uma arte menor. Não tem por que ficar perdendo tempo com Gary Cooper ou coisa assim.



O cinema, a bem da verdade, me interessava fortuitamente. Como também me interessava pela guerra, assisti três vezes a *Julgamento em Nuremberg* (*Judgement at Nuremberg*, 1961), de Stanley Kramer, embora não se tratasse de um filme sensacional. Eu gostava daquilo como diversão. Quase nunca ia sozinho às sessões, geralmente chegava em grupo, para farrear no cinema, já que a projeção em si não me parecia tão importante. Comecei a enxergar um status maior no cinema quando apareceu a Nouvelle Vague. Também sempre respeitei a comédia italiana média de um Mario Camerini e de outros diretores que até hoje acho muito bons.

O engraçado é que, em São Paulo, apareceram juntos a Nouvelle Vague, Ingmar Bergman, os primeiros Federico Fellini, Michelangelo Antonioni e os filmes japoneses (estes nos cines Niterói e Jóia, na Liberdade). Foi quando o cinema começou a tomar um vulto muito grande para mim. Tenho a impressão de que tudo isso surgiu por força de Dante Ancona Lopez. Este programador, que tempos depois fundou o Cine Belas Artes, transformou o Cine Coral, uma sala de cinema de nível inferior e de pouca bilheteria na Rua Sete de Abril, centro da cidade, num espaço de arte. Quando os filmes começaram a dar público, os grandes exibidores foram na onda e a coisa andou. Passa a morte e você fica um tempo esquecido: já se passou uma década desde que o Dante morreu e está na hora de voltar a falar desta pessoa tão interessante.

Em Santana, havia quatro cinemas. O Hollywood era muito grande, um cinema com balcão. Para se ter uma idéia, todo o cinema hoje é um shopping, o Shopping Santana: você olha a construção por trás e vê o formato da tela. O cine Santana ainda existe lá dentro, mas numa pequena sala. O cine Vogue ficava na Voluntários, era pequeno, com cadeiras de madeira, e servia muito para a "farra". E tinha o Santa Terezinha, para onde a gente ia a pé, subindo uma rua onde havia também o Cine Colonial, grande. No Vogue passavam as comédias italianas. Também exibiam lá o que chamavam de "filmes científicos", que de científicos não tinham nada, eram filmes de mulher pelada, sobre colônias de nudismo. Era um tal de falsificar a caderneta da escola para assistir a tanta ciência! Consegui entrar muitas vezes naquele cinema antes de completar 18 anos.

## Capítulo II
## O Cinema Numa Xícara

### 1. Você só vai ter idéias

Demitido da Gessy-Lever, em 1966, eu precisava arrumar um emprego no dia seguinte. Uma amiga que trabalhava na Gessy, a portuguesa Manuela, apresentou-me então a outro amigo seu, também português, o Sergio Guerreiro, que era chefe do grupo dos contatos da Volkswagen na agência Alcântara Machado. Sergio Leal de Carvalho-Guerreiro, assim com traço, era boa gente, um fidalgo, três anos mais velho do que eu, mas muito bem posicionado profissionalmente. Me lembro de conversar com ele sobre Fernando Pessoa. Eu achava que só o meu grupo de amigos conhecia o poeta português. Fiquei muito admirado de ele saber da existência do escritor, e muito bem; ele sentiu quase o mesmo em relação a mim. Disse-me: *"Venha ser meu funcionário."* E mais uma coisa surpreendente: *"Para trabalhar em publicidade você não precisa ser nada. Eu lhe dou um manual e está tudo encerrado."* O manual que ele me deu era muito prático, dizia: *"Layout é algo provisório que você leva para o cliente antes de..."* Não li o livro, é claro. Mas o Sergio não se importou.

Comecei a trabalhar no atendimento, como assistente de contato. Pegava os layouts embaixo do braço e despencava na Via Anchieta, com o carro da agência. Apresentava filmes e storyboards na Volkswagen. O Sergio filtrava, ele era o chefe do negócio. Ele e eu carregávamos o layout - eu mais, ele menos. Lembro-me que a gente comia ali no Fasano, na esquina da Vieira de Carvalho, no centro da cidade, antes de partir para a Volks, em São Bernardo. A gente apresentava o filme pronto também, e ouvia os comentários. Eu ainda cuidava dos anúncios impressos. Um dia o Sergio Guerreiro recebeu uma proposta muito boa de uma outra agência e foi embora da Alcântara Machado. E um argentino que estava acima dele, o Juan Frederico Merkel, ficou acumulando os dois cargos.



Um dia apareceu para mim um storyboard, uma idéia muito boa, mas mal-desenvolvida, e com o atrevimento adquirido daqueles meus amigos poetas, decidi subir no departamento de Rádio e TV da empresa para dizer exatamente isso aos responsáveis. O chefe da seção era o Guga de Oliveira, irmão de José Bonifácio de Oliveira, o Boni. Estavam lá Guga e entourage, ele com óculos escuros desse tamanho, pé na mesa, sentado, olhando, uma arrogância absoluta, justificada pelo fato de ele ser o RTV da agência e eu, um assistente de contato que carregava filmes para o cliente.



Disse para o Guga: *"Eu queria falar com quem fez este filme aqui."* O Guga reagiu: *"Você quer falar com quem?"* Eu insisti: *"Com o cara que fez este filme aqui."* E ele: *"Pode falar comigo mesmo. Eu sou o responsável, eu que faço filme aqui, qual é o problema?"* Disparei: *"Este filme tá errado."* O cara quase caiu da cadeira, mas se segurou: *"Por que esse filme está errado?"* Eu expliquei: *"Porque esse cara tinha uma boa idéia na mão e deixou escapar. O filme é ruim."* Imagine a reação dele: *"Pô, rapaz, quem é você para falar um negócio desses? Faz o seguinte: pega esse filme e leva para o cliente. Você não está aqui para discutir se o filme é bom ou ruim."* E eu: *"Tudo bem. Vou levar para o cliente um negócio ruim que podia ser bom. Mas eu vou levar, você é o chefe."* Ele, então: *"Faz o seguinte. Você acha que é ruim? Faz você."* Eu disse: *"Legal, dá uma máquina aí."* Peguei a máquina, sentei, escrevi, mostrei o resultado e falei: *"Este filme aqui na minha mão é bom. O que eu vou levar é ruim."* Ele pegou o papel, leu o que eu escrevi, rasgou e jogou no lixo: *"O problema é o seguinte: estou falando para você levar isso aí senão eu vou falar com o Merkel e você vai perder o emprego."* Eu me virei para ele: *"Então tudo bem."* Saí de lá. Mas note que ele leu o que eu escrevi.



Quinze dias se passaram e o Guga tocou o telefone para mim: *"Escuta, dá um pulo aqui?"*. Pensei: *"Esse cara vai me encher o saco de novo por causa daquela merda? Vou ter de bater nele."* Eu tinha levado o filme para a Volks conforme ele mandara, nem sabia se haviam aprovado ou não. Ele era realmente muito poderoso. Cheguei lá e ele começou: *"Seguinte: o Julinho tem falado muito bem de você."* O Julinho Xavier, diretor publicitário, o autor, alguns anos depois, da propaganda do primeiro sutiã da Valisère, era o único cara daquele departamento com quem eu me dava um pouco. O único. Ele não era arrogante. Às vezes, a gente comentava os filmes. Me lembro que ele tinha achado meio ruim *O Homem do Prego* (*The Pawnbroker*, 1965), do Sidney Lumet. E eu falei: *"Não, Julinho, esse filme é muito bom."* Contei por que achei assim e ele concordou comigo. Em suma, o Guga, em vez de falar *"eu li aquele negócio e acho que você é bom"*, disse: *"O Julio tem falado muito bem de você. Quer fazer uma experiência aqui com a gente?"* Eu perguntei: *"Fazer o quê?"* E ele: *"Redigir filme."* Naquele tempo, só o RTV criava, não a Criação, que só fazia imprensa. Quem criava RTV era quem dirigia, o que fazia mais sentido. Como eu não podia dirigir, já que não tinha nenhuma técnica, ele disse: *"Você só vai escrever roteiros. Você só vai ter idéias. Quer?"* Eu falei: *"Quero."* E ele: *"Então fala com o Merkel se você pode vir para cá. O salário é igual."*

Quando eu estava saindo da sala, o Guga de Oliveira se dirigiu mais uma vez a mim: *"Só que tem uma coisa. Não existe porta lá para baixo, não. É daqui para a rua."* Eu falei: *"Não, tudo bem, vamos nessa."* Foi engraçado, porque então eu disse para meu chefe: *"Merkel, o Guga está me chamando para trabalhar no RTV."* Ele reagiu assim: *"Ô, legal, bacana." E eu: "Só que não queria deixar você na mão e tal. Quando eu posso ir para lá?"* E ele: *"À tarde!"* Foi então que eu percebi que eu era o pior contato que já tinha aparecido pela Alcântara Machado. Os caras gostavam de mim porque eu era muito atrapalhado. Eu esquecia de fazer o pedido de alterações para o redator. Faltavam dois dias para entregar o texto e eu me virava para ele: *"Pelo amor de Deus, me quebra essa, os caras pediram isso aqui."* E eles: *"Porra, você não fez o pedido!"*



Depois da concordância de meu chefe, subi para o Guga e falei: *"O Merkel disse que eu posso vir à tarde."* O Guga reagiu, bravo: *"Agora você vai dar certo!"* Ele tinha ódio mortal do atendimento, então me disse: *"Amanhã de manhã, pode vir."* No dia seguinte, lá fui eu, sem gravata e paletó, já que eles trabalhavam sem essas coisas, o que significava outro atrativo para mim. Também não tinham horário. Você sempre podia dizer que estava dirigindo o filme ou vindo de uma montagem, quando, na verdade, você estava em casa dormindo.

O Guga foi um grande chefe, no sentido de que ele era absolutamente impiedoso, achava tudo muito ruim. Ele mesmo era um diretor de comerciais muito bom. Seu time de diretores, forte e criativo. Tenho muita saudade desses caras porque eles eram absolutamente alucinantes, o Guga é maluco até hoje. Depois de quatro meses redigindo para ele, comecei a dirigir. Ele era bastante irresponsável nesse sentido. O Merkel, meu antigo chefe, um dia me encontrou no elevador e perguntou: *"Vai ter filmagem da Volkswagen hoje, não é?"* Eu disse: *"Vai."* Ele quis saber: *"Onde vai ser?"* Eu: *"Na LynxFilm."* E ele: *"Legal. Quem vai dirigir?"* Falei: *"Eu."* E ele: *"Você? Como?"* O cara pirou. Apareceu à noite no set. Não podia dormir sem conferir tudo de perto. Quando viu que tudo estava mais ou menos sob controle (o trabalho não era tão complicado assim), foi embora.

Na Alcântara, fiquei um ano e meio. O Julinho foi então chamado para uma grande posição de chefe na C&N, hoje Leo Burnet, uma agência de nível com as contas da Vasp, Avon, Toddy. Ele falou: *"Vem ser meu vice aqui."* O Guga também não estava mais a fim de ficar na Alcântara, abriu uma produtora, então decidi partir com o Julinho. Acompanhei bastante o trabalho dele. Até hoje acompanho, é um grande amigo. Se você perguntar de minhas influências no cinema, vou dizer: Julio Xavier. Só trabalhei com ele! Ele me dava as dicas de continuidade, de casting, era muito cuidadoso. Comecei a dirigir a seu lado em 1967. E só comecei a filmar minha primeira ficção 16 anos depois.



Passei pela Denison, onde fiquei muito tempo, quase oito anos, e fui para a Proeme, uma agência criativa por muitos anos, vendida a terceiros pelo Enio Mainardi. Depois trabalhei nas produtoras, como freelance. Permaneci um grande tempo na Companhia de Cinema, como diretor-associado, e atuei para a Espiral também. A LynxFilm me acompanhou bastante. Lá conheci o fotógrafo Chick Fowle e o diretor Roberto Santos.

## 2. Além do negócio

Pessoas da publicidade não se lançavam ao longa-metragem àquela época. Quando eu apareci com *Jogo Duro*, minha primeira ficção, já havia feito duas coisas em cinema, *Edifício Martinelli* e *Quebrando a Cara*, que circularam um pouco no meio publicitário. Além do quê, durante um período em que eu era muito ativo na publicidade, fui sócio do diretor Antonio Abujamra no Teatro Brasileiro de Comédia, o TBC. Os homens da publicidade sabiam que eu me interessava por outras coisas além do seu negócio. Quando fiz o primeiro longa de ficção, não surpreendi ninguém. Surpresa mesmo os publicitários tiveram quando *Festa* ganhou aquele status, foi vencedor no Festival de Cinema de Gramado e passou a filme cultuado. Isto sim me prejudicou para o meio. A publicidade é exclusivista, quer que você trabalhe 24 horas para ela. Se você está pensando em outra coisa, você não é um publicitário adequado, embora possa ser aceito. Pior do que *Festa*, para a publicidade, foi *Sábado*, o filme seguinte.

Todos perceberam, então, que eu havia debandado para o outro lado.

Pior do que ser cineasta brasileiro é ser cineasta paulista. Você tem de ser dono para continuar na publicidade depois dos 45 anos. E eu não sou dono de nada. A publicidade é jovem e sua argumentação, infantil. Eu não conseguiria mais convencer uma criança a beber um negócio e fazer cara de satisfeita. Não tenho mais tônus vital para tanto. Não tomei a decisão de sair da publicidade, contudo. Fui saído. Se alguém me chamar para fazer comercial hoje, eu vou, mas ninguém me chama. Comecei a virar o diretor para lá do balcão. Antes, eu era um publicitário que fazia uns longas.



A idade conta muito, também. Uns dois anos atrás, eu fui fazer um filme de internet para um site maluco. Quando entrei na sala para a reunião de produção, vi que o cliente mais velho era mais novo do que a minha filha mais nova. Eu assusto as pessoas, porque um cara da minha idade vem com um certo peso, nome, prêmios em publicidade ganhei Cannes, Clio, tudo. Então, os jovens pensam: *"Não dá nem para falar para esse cara que eu não gosto do que ele fez, é capaz de ele me bater."* Embora conheçam os meus filmes como diretor de cinema, eles acham que essas obras depõem contra mim. Vou dizer a eles que determinada coisa é ruim, que tentei fazer antes e não funcionou... Geração tem de falar com geração, não tem conversa. E eu nem me importo com isso. Às vezes me chamam esporadicamente, para agradar ao intérprete famoso, sou um cara do longa-metragem que os atores conhecem. Fora isso, é muito difícil ser convidado a trabalhar em comerciais. Não tem por quê. Eu não me chamaria também. Propaganda é negócio, não é arte, não é nada.



O comercial, entretanto, me deu muitas vantagens. A primeira delas era sair de casa todos os dias para fazer cinema, nem que fosse para filmar uma xícara. Cotidianamente eu tinha de falar de alguma coisa - montagem, orçamento, uma lente que chegou - sobre meu ofício.

É disso que um cineasta precisa. Quando você leva onze anos para fazer um filme, vê que todo o equipamento necessário a seu fazer mudou. É como jogar bola: se um jogador pára por três anos, está perdido. Em publicidade, filma-se sempre.

A publicidade me ajudou, sim. Criei meus três filhos muito bem com ela. Se você quiser fazer cinema de longa-metragem, prepare-se para viver como um asceta no Brasil. Sou gente de classe média, que tem de trabalhar. E a publicidade paga você. No meio publicitário, 90% são uns idiotas, mas a humanidade também é composta de 90% de idiotas - 95%, como diria o Pedro Nava, ou 97%, a depender do pessimismo de quem considera. Mas tem muita gente legal no meio. Para fazer "Jogo Duro", pus dinheiro meu, de um amigo e de uma cooperativa de... publicitários.



Eu agüentei esse trabalho por quase trinta anos numa boa, porque ele não tinha nenhuma importância para mim. O cara falava sobre meu filme: *"Vamos mudar tudo!"* E eu dizia: *"Tudo bem!"* Me perguntavam: *"Refilma?"* E eu respondia: *"Refilmo!"* Nunca me senti autor de um comercial. Para mim sempre foi: *"Cachê, quando vai pagar?"* Mas sempre fiz o melhor possível. O teste de videoteipe, conduzia pessoalmente com os atores, não deixava para o diretor-assistente. Caprichava porque estavam me pagando muito bem, e é desonesto alguém lhe pagar e você esculhambar.

## 3. Por que filmo

Comecei no cinema fazendo publicidade, e filmar virou minha profissão. Quando filmar vira profissão, você não se pergunta mais por que está filmando. Eu não tinha a intenção de ser publicitário, não disse para mim mesmo *"quero fazer comerciais"*, como alguém poderia dizer *"quero ser escritor"*. A partir do momento em que realizar comerciais se tornou profissão, eu me fiz perguntas, entre elas a mais importante: *"Por que não filmar?"* Tenho câmera, negativos, amigos, eles dizem que vão comigo para onde eu for, então por que não estou filmando? Acho que se tratava até de um dever. Não há dúvida nenhuma de que no Brasil fazer comerciais é um grande aprendizado. Agora, passar a vida toda tomando chocolate? A vida é muita coisa mais.



Nunca me ocorreu escrever livros até por respeito à literatura. Estou convencido de que você se alimenta das artes. Um cinema banal, como uma literatura banal, não fará isso, mas se sua pretensão é de determinado nível, você precisará dialogar com as outras artes, fazer as coisas funcionarem como vasos comunicantes. O diretor que leu tem muitas vantagens, não a de pegar o Jorge Amado do momento e colocar no filme, mas a de fazer uma outra coisa com o que aprendeu. Existe o cinema ingênuo, daquele diretor que crê ter descoberto o mundo no primeiro filme, de ter apresentado uma nova linguagem logo de cara. Quando vejo isso acontecer, e isso acontece no Brasil, me dá vontade de dizer: *"Filho, vai para a escola!"*



Eu tenho regras. É preciso eleger o cinema que se quer fazer. Cinema não é um; há várias possibilidades de realização. Eu prefiro aquele que apresenta as coisas claramente para todos, do intelectual à pessoa comum. Nada tenho a esconder e quero que a pessoa acesse rapidamente aquilo que está na tela. Nunca vi um grande livro que não se pudesse ler. *Moby Dick*, de Herman Melville, e os romances de Fiódor Dostoiévski são acessíveis a qualquer moleque. Outra coisa é procurar por algo mais nas sutilezas do que foi escrito, mas antes de isso acontecer, o escritor terá colocado claramente para quem o lia o que desejava dizer.

Tenho uma certa desconfiança de que noventa por cento das invenções de linguagem são feitas exatamente para ocultar o nada atrás delas. Mas, sendo claro, o diretor corre o risco de ouvir alguém dizer que faz um cinema acadêmico. Se John Ford faz um cinema acadêmico, eu quero chegar lá, e para isso corro o risco tranqüilamente. Prefiro não ocultar nada do espectador. Se a imagem o confunde, o filme não é eficiente. Não se deve fazer um nó, esconder uma idéia muito boa atrás de uma bobagem. É preciso dizer, e pronto.



O não-profissional deixa, por vezes, de ver coisas que um técnico sabe observar num filme. Veja *A Marca da Maldade*, de Orson Welles. Todo crítico só fala da seqüência inicial e fecha os olhos para as sutilezas. Como esse diretor resolve as coisas bem! No filme, o personagem grotesco está metido numa briga, a peruca dele cai e ele a recoloca, mas ao contrário, e continua brigando assim. Isto é um diretor de cinema! Alguém comentou a cena da peruca, escreveu sobre ela? É melhor do que toda aquela parafernália que ele faz no começo, para *épater la critique*. Tem de olhar outras coisas, mas poucos sabem fazer isso.

Gosto do cinema italiano pelas razões que coloquei aqui, embora não sinta exatamente um parentesco com arte cinematográfica praticada naquele país. Mas, ao contrário do francês, o cinema italiano tem uma virtude. O assunto é o estilo. Não é a câmera colocada não sei onde que o compõe. O que torna um artista original é a realidade ou a irrealidade que ele estuda. O assunto é o negócio. Sem ferir nenhum cânone do cinema, aquelas subestimadas comédias de Mario Monicelli e Dino Risi falam de pessoas e coisas sobre as quais jamais havia se falado antes. Nenhum país foi ao povo como o cinema italiano. Pelo menos, não tão obsessivamente. Nenhum outro país teve a capacidade de se autoridicularizar e não demonstrar problema em fazer isso, em revelar ao mundo o que havia de grotesco na sua origem. O Pasolini chamava essa atitude aberta de "a revolução antropológica" do povo italiano. É como em *A Árvore dos Tamancos*, de Ermanno Olmi. Ali, não se sabe mais o que é documentário, o que não é... Ele foi buscar as coisas no próprio quintal. O cinema italiano é um referencial meu, sem dúvida, mais do que o produto do laboratório da Sorbonne.

A vida é uma coisa, a academia é outra. A vida filtrada pela academia também não é a vida. Não tenho nada contra a academia, contanto que você saia rapidamente de lá. Jean-Paul Sartre é um grande intelectual, não estes que agora escrevem para os suplementos, estes que você não entende e que aceita como grandes especialistas. Isto o cinema italiano não tem, embora haja sofisticados intelectuais dentro desta cinematografia, como o diretor Valério Zurlini. Contudo, Zurlini fala claramente, deixa que você veja o que ele diz.



Há quem trabalhe na contramão, quem coloque folhagens tão espessas de técnica sobre as imagens que acabe por impedir o espectador de saber se ele tem algo a comunicar ou não. Ou será que esses diretores fazem só exercício? Isto me incomoda profundamente. Seja muito claro para que saibamos se há algo dentro da sua cabeça ou não, não se oculte em inovações técnicas muito zoneantes. O cinema italiano descobriu isso, foi o grande achado dessa cinematografia. O assunto é o fulcro da renovação. Pier Paolo Pasolini trabalhou assim. Gosto muito de seus primeiros filmes, como *Gaviões e Passarinhos*. E Pasolini é ainda maior quando escreve sobre o mundo. Como escritor, ele tem o conhecimento.

## Capítulo III
## Primeiros Documentos

### 1. O malandro e o coronel

Em 1973 fiz o curta-metragem *Campos Elíseos* e, dois anos depois, o média *Edifício Martinelli.* Eram documentários em torno do centro de São Paulo, região à qual eu ia eventualmente a trabalho, levado pela Denison Propaganda, de quem era funcionário. Naquela região central, à rua Guaianazes, havia uma produtora de publicidade chamada Luta Filmes, com a qual a Denison operava. Portanto, eu sempre estive perto do objeto de meu futuro primeiro filme, observando.



Amo esta cidade. Gosto de olhar as coisas. Não passo por ela com indiferença, infelizmente. O bairro dos Campos Elíseos me chamava muito a atenção por ter sido o primeiro aristocrático de São Paulo. Alameda Glette, Alameda Nothman, nomes impressionantes! Os lotes tinham um determinado tamanho, as ruas eram perfeitamente demarcadas. Realmente, "construíram" este primeiro bairro, que depois se tornou a Boca do Lixo, uma zona de prostituição e crimes. Isto me atraiu também no *Martinelli* e no longa *Jogo Duro*, se você quiser: esse movimento que você faz, essa coisa vã que, no fundo, são esses projetos. O tempo é o primeiro revolucionário, quer dizer, sozinho, ele faz todas as revoluções. Alguém concebe o plano e as coisas acontecem para desmenti-lo, sem que necessariamente haja uma causa histórica definida para esse fim, um levante, nada.



Mas o bairro estava lá. Ainda hoje está. Quando eu o documentei, ainda havia mais sinais dessa aristocracia. Aliás, um aspecto interessante, se não o mais interessante do filme, foi ter fixado uma arquitetura dos sobrados da região. Quis retratar essa clareza do projeto: nos anos 50 ainda havia uma convivência entre os últimos barões que resistiam ali e a nova população. Até os anos 70, estava lá a casa de Yan de Almeida Prado, a chamada Pensão Humaitá. As famílias de Yan de Almeida de Prado, que participou de Semana de Arte Moderna de 22, e de Alves de Lima, na esquina com a Guaianazes e Nothman, também residiam no bairro. Elas assistiram ao momento em que aquele sonho branco foi invadido pelo malandro Quinzinho, por toda a Boca do Lixo, o que me fascinava profundamente.

Minha idéia ao realizar o filme era entrevistar um aristocrata remanescente e um representante típico da bandidagem. O aristocrata foi impossível, ninguém da linhagem quis falar. E o Quinzinho, com quem depois eu fiz o espetáculo teatral *Humor Bandido*, no TBC, topou, mas houve um problema técnico com ele. As filmagens de seu depoimento aconteceriam na Casa de Detenção, mas ninguém conhecia as condições técnicas do lugar. Na hora de gravar o som e filmar, no dia exato, o técnico responsável não veio, nunca soube exatamente por quê (a história que ele contou foi mal explicada). Estávamos em plena ditadura militar, em 1973. Não sei se ele não apareceu porque não pôde - fazíamos tudo de graça - ou se pensou: *"Não vou botar a mão nessa cumbuca."* O fato é que outro cara da equipe fez o som.

O local que me deram para filmar dentro do Carandiru era muito complicado, amplo, com eco, e o som acabou ficando muito ruim, sem sincronia. Optei por rodar mesmo sem condições porque gostei muito do cara que dava seu depoimento. Achei Quinzinho um gênio, ele saía da cadeia, entrava, era um itinerante (depois me deu uma entrevista longa, engraçada, de duas horas, que guardo comigo). O *Campos Elíseos* foi feito a partir de muitos elementos saídos de seu testemunho. Fiz uma pesquisa em delegacias e todos me disseram: o cara é ele.



Fui ao Carandiru atrás do Quinzinho - ninguém me dizia quanto tempo ele tinha de prisão, devia ser um ano ou coisa assim - e então topei com um coronel muito famoso na época, que me levaria a seu encontro. Esse militar ia sozinho ao pavilhão quando surgia um levante, embora fosse franzino: era capaz de crueldades muito grandes, mas também de generosidades, e equivalia a um detento muito valente no poder, de cabeça igual. Pedi-lhe autorização para a entrevista e ele, com o olhar estranho, a pálpebra caída, me disse, daquela maneira fria: *"Você quer falar com o Quinzinho? Não tem problema nenhum."*

Quando eu já me dirigia para a entrevista, perguntei-lhe: *"O senhor quer ouvir o que a gente vai falar? Quer ver nosso material?"* E ele respondeu: *"Não, meu filho, fique à vontade. Eu sei onde encontrar vocês todos."*



O responsável pela aprovação desse filme foi o Roberto Santos, diretor de *O Homem Nu*, que selecionava projetos para o Prêmio Estímulo do Estado de São Paulo. O Roberto era um cara que sempre falava assim: *"Vá, faça!"* Jamais deixava de nos estimular.

*Campos Elíseos* foi um filme meio louco, usei a música do Astor Piazzola nele sem pagar, ninguém falou nada. E olha que passou no Cine Metro! Este filme era uma construção intelectual, com a qual eu quis mostrar o tempo que passou. Não tinha nenhuma aproximação com o bairro, a não ser pelo fato de estar sempre por lá e admirar sua estrutura arquitetônica. A coisa só passou a ser visceral para mim quando entrou o Quinzinho no filme.

Com *Edifício Martinelli*, foi tudo diferente.

## 2. Eles vêm para se suicidar

O Edifício Martinelli era um landmark da minha infância. Eu morava em Santana na época, um lugar bem mais elevado da cidade. A gente batia papo sentado naquela Rua Voluntários da Pátria onde em torno só havia mato, vendo a cidade diante de nós: o Campo de Marte, o Clube Espéria, o rio Tietê. Lá na frente existiam dois prédios: o Martinelli e o Banespa. Depois, veio o Banco do Brasil ao lado - se você quiser, então, havia três prédios. Mas o Martinelli tinha mais appeal, em cima dele havia um tipo de outdoor circular todo feito de madeira, onde a Coca-Cola e a Gessy Lever fincaram seus logotipos. Era um diferencial, de qualquer lugar de Santana a gente via o prédio.



Quando eu ia à cidade, num ritual com meu pai e minha mãe, o Martinelli estava lá, aquele negócio assombroso. Com o decorrer do tempo, ele começou a virar uma lenda para mim. Quando passei a ir ao centro da cidade sozinho, o Martinelli tinha um salão de sinuca fabuloso no primeiro andar, e já então corriam lendas de assassinatos cometidos dentro do prédio. O Partido Comunista Brasileiro teve sede lá, parece que também a conservadora União Democrática Nacional, a UDN, uma loucura total. Tomava um ônibus na Praça do Correio, ficava olhando a construção e me perguntava: *"Quem será que está no prédio às nove e meia da noite?"* A gente sabia que existia um hotel lá. Era quase um prédio de ficção. De vez em quando, pintava no jornal: *"Morte no Martinelli."* O zelador disse em meu filme que as pessoas iam lá não para matar, mas para se suicidar.



Você tem de ser alavancado por um fato que incite a fazer um filme. Eu vi que as pessoas iam ser despejadas e achei que precisava registrar isso de alguma maneira. Quem não tivesse conhecido o prédio daquele jeito não teria mais essa possibilidade. Depois do despejo, que de fato houve após o filme, o Martinelli virou sede da Emurb, a empresa municipal de limpeza pública, virou outra coisa, não um edifício com a atmosfera que tinha. E algo surgiu que não sei se busquei conscientemente ou se o acaso me favoreceu: o Martinelli obedeceu ao mesmo esquema de Campos Elíseos, foi um monumento de 105 m de altura que um cara, o senhor Giuseppe Martinelli, fez para si mesmo e que durou pouco tempo. Veio a Segunda Guerra Mundial, tomaram o prédio dele em 1945 (porque a Itália perdeu a guerra e ele mantivera negócios com o país) e aquilo virou um salseiro, a perspectiva de o cara de realizar uma coisa fantástica foi por água abaixo. O engenheiro responsável pelo projeto, Italo Martinelli, diz no filme que não sabiam o que fazer dentro do prédio quando o construíram; só sabiam o que fazer do lado de fora.



Já me perguntei várias vezes onde foram parar essas pessoas despejadas do lugar, que simplesmente decidiram ficar ali até o fim. Suas histórias, como a do sujeito que guardava passarinhos soltos dentro de casa, utilizei em filmes como *Sábado.* Compreendo agora: com toda a miséria, com toda a crise que havia lá, eu prefiro o Martinelli daquele jeito do que ocupado pela Emurb.

O caos está sempre presente nesta cidade. A essência desta cidade é o caos, é a desordem.

## 3. Documentário, o porquê

Comecei a filmar documentários porque documentário é mais fácil do que ficção, não como desafio artístico, apenas mais factível enquanto produção. Você precisa de uma câmera e um fotógrafo, eventualmente um cara de som, para realizá-lo. No *Martinelli*, andávamos em cinco: eu, o fotógrafo Rodolfo Sanchez, que depois faria *Festa*, *Sábado* e *Boleiros*, um assistente de câmera - o Michael Ford, o *Esmeraldo* - Vicente Ferreira dos Santos, com a luz, e o Marcelo Kujawski - o *Cuja* - com um gravador dele. É uma equipe que você recruta com certa facilidade.



*Campos Elíseos*, *Edifício Martinelli* e *Praça da Sé* foram produzidos em cooperativa. Comecei por eles porque significaram minha primeira chance como diretor. Naquele tempo não havia vídeo, e o *Martinelli* foi feito em 16 mm. O laboratório estava equipado para 35 mm e ponto final. A trucagem, a maneira de introduzir o letreiro num filme, era toda feita para 35 mm.

Para colocar a película em 16 mm, era necessário refazer o letreiro umas doze vezes. Ninguém, portanto, usava 16 mm: o equipamento era caro, o negativo também. Sua obrigação era gastar o mínimo de filme possível, senão não dava para concluir. Os diretores eram atirados ao documentário porque representava a maneira mais viável de empreender uma pequena aventura cinematográfica. Nos anos 60, parecia quase impossível fazer uma não-ficção e exibi-la. Meu primeiro longa, o *Quebrando a Cara*, nunca passou em circuito, foi feito em 16 mm.



Nos anos 70, ninguém ia ao cinema para ver documentários, eu também não, juro por Deus. Eles eram apenas os curtas que antecediam a sessão principal. Em contrapartida, sempre gostei de fazer filmes do gênero. Continuo fazendo até hoje, agora em vídeo, porque não sou louco. A aventura romântica envolvida no documentário me interessa: em parte, é uma reportagem, sem roteiro. Essa fronteira entre documentário e ficção é algo sobre o qual eu me pergunto muito. Talvez, na ficção, um diretor tenha mais controle sobre o que filma, e no documentário não consiga isso. De qualquer modo, eu acho que minha formação pessoal me levou à ficção. Se você é um sociólogo, trilha um caminho que eventualmente desemboca no documentário, por sua aproximação com o real, com a estatística. Se você é um leitor de poesia, de romance, de novela, obrigatoriamente está inclinado a ficcionalizar, como eu.

## 4. *Quebrando a Cara*

Eu não tenho vocação para o curta-metragem. O *Campos Elíseos* era curto, mas o *Edifício Martinelli* já tinha trinta minutos. Hoje é comum ver curtas com essa duração, mas, antes, um filme dessa natureza precisava de dez minutos _ o média-metragem é que contava trinta. Por que, em 1979, eu resolvi iniciar meu primeiro longa-metragem sobre o campeão de boxe Eder Jofre? Eu conhecia o Eder lá da zona norte, uma pessoa muito interessante. Para mim, todos os pugilistas são pessoas interessantes, é muito complicado fazer o que eles fazem. O jogo, neles, está presente de uma forma exacerbada: você não tem só de ganhar, tem de ganhar e não se machucar. Então deve ter sido isso, uma simpatia pessoal pelo Eder, que aliás continua até hoje.



Eu nunca tinha assistido a uma luta dele antes do filme _ a primeira ao vivo que presenciei ocorreu durante as filmagens. Aliás, não me interesso pelo boxe em si, como não me interesso pelo futebol em si ou, melhor dizendo, acompanho tudo isso como um espectador normal. Meu interesse está no jogador, no boxeador. Nos anos 60, havia o americano Muhammad Ali (vou botar a foto dele na parede deste escritório), que me fascinava. Resolvi fazer de *Quebrando a Cara* um longa-metragem quando descobri a família do Eder.

Antes, meu desejo era realizar um documentário especial sobre o pai do lutador, Aristides Jofre, o Kid Jofre, uma pessoa muito interessante. Ele foi preso político, do Partido Comunista, era argentino, sindicalista e botou o filho para tomar porrada, enquanto ficava no corner, como técnico. Fui adiando o projeto, adiando, e o Kid morreu. Se a gente não faz as coisas, acaba perdendo a chance. Então pensei: vamos fazer o documentário sobre o Eder, que a figura do pai talvez acabe aparecendo. Foi o que aconteceu.



Quando comecei a me aprofundar na família Zumbano, este filme virou uma espécie de contrafacção brasileira do *Rocco e Seus Irmãos*, de Luchino Visconti. A família Zumbano tem onze pugilistas. Um deles vira campeão do mundo (o Eder), o outro (Tonico, o Zumbanão), marginal mesmo. A tia Olga é lutadora e o marido, um austríaco que vem exercer o boxe aqui. A observação dessa família demole em parte a crença de que, tendo as mesmas oportunidades, você vai fazer as mesmas coisas. Infelizmente, não é assim. Pessoas de formação, educação e estrato social idênticos tornam-se pessoas diferentes.

O Eder deu seu depoimento de forma descontraída para mim, fez até entrevistas, e não precisou me ajudar a encontrar as pessoas. O professor Waldemar está vivo até hoje. O Ralph Zumbano morreu. Eder Jofre tinha uma aproximação maior, entre os Zumbano, com o Waldemar, justamente com aquele que fazia objeções ao Eder, à idéia de nocaute, presente no seu estilo de lutar. Miguel de Oliveira, outro campeão do mundo, era acusado de não ter a agressividade necessária nas lutas, mas talvez essa fosse sua filosofia. O Waldemar tinha na cabeça que boxe não era vencer, era *não apa-*

*nhar*. Todos foram muito disponíveis para falar dentro do filme, figuras iam surgindo das sombras, os personagens perdidos na cidade que apareciam.

A figura de Kid Jofre está presente em *Quebrando a Cara*, mas não esmiuçada não pude fazer isso, já que ele morrera e não havia material disponível sobre sua trajetória. Quando você opta por um documentário em que não há narração, quem fala são os personagens (aconteceu isso neste filme, ao contrário do que ocorrera com *Campos Elíseos* e *Edifício Martinelli*), e é preciso aceitar a limitação. Se você espera uma descrição cheia de detalhes instigantes e interessantes da parte desses personagens, não vai conseguir. Eles são homens do povo, pugilistas, vêemse uns aos outros como pugilistas.



Ninguém jamais se preocupara em fazer uma matéria televisiva com o pai do Eder, então não existia nada para ser usado sobre ele dentro do filme, a não ser fotos. Também precisei colocar vozes para dublar muitas lutas que nunca haviam sido narradas. Somente uma delas, dentro do filme, tem a narração original de um cara impressionante do futebol, o Pedro Luiz. Sua descrição pelo rádio vinha em duas bolachas deste tamanho, dadas ao Eder por alguém da Rádio Jovem Pan. Quando eu sincronizei a narração presente na fita com a luta, constatei a genialidade do narrador. Ele não perdeu um lance de todo o embate, uma coisa absurda.

O Eder lutou duas vezes contra o japonês Masahiko Harada, em 1965 e 1966, e perdeu nas duas ocasiões. Mas não havia um único fotograma disponível dessa luta, nem mesmo no Japão! A gente fala que não existe memória brasileira, mas no Japão também não: o cara foi campeão do mundo duas vezes e nada guardaram dele por lá. "Vão achar que é cabotinismo se eu não colocar as lutas perdidas no filme", pensei. Porque o Eder Jofre é um dos cartazes mais incríveis da história do boxe. Perdeu duas vezes na vida, por pontos. Com esse cartel absurdo, um dos maiores pugilistas de todos os tempos, ele tem a estátua em exibição no hall da fama do Madison Square Garden, em Nova York, embora isso não seja dito no documentário.

A estátua de Eder Jofre no Madison Square Garden foi inaugurada junto com a do Ali, no mesmo dia. E ele viu o Ali na ocasião. Na volta dessa viagem aos Estados Unidos, encontrei o Eder e ele me falou assim sobre o lutador americano: *"Achei o cara muito esquisito. Ele está com alguma coisa."* Isto era antes de sabermos do mal de Parkinson que o afetou (a doença devia estar no início). O Ali havia estado no Brasil quando perdeu o título, por conta do boicote à Guerra do Vietnã. Ficava pelo mundo fazendo demonstrações, enquanto não podia lutar oficialmente. Aqui, foi recepcionado pelo Eder. Então, o brasileiro, que já o conhecia, percebeu alguma coisa errada no pugilista: *"Subi pelo elevador com ele e ele nem me olhou. Estava meio duro, falava meio assim..."*. Ele sacou.



Então, Eder Jofre tinha duas derrotas no cartel e eu não poria justamente essas duas no filme? Levei quase quatro anos com o documentário parado por causa disso. Em desespero de causa, voltei à TV Record, depois de para lá ter ido várias vezes e de sempre ter recebido a resposta de que o incêndio destruíra todo o arquivo. Decidi perguntar para o responsável pela seção: *"Você me deixa dar uma olhada? Eu vou olhar."* Então, incrivelmente, achei trinta segundos de luta naquele material reversível. Antigamente, o jornal era feito com filme em material reversível, para ser usado em outros meios, como a televisão.



Eu esperava fazer de *Quebrando a Cara* um média-metragem de trinta minutos como *Edifício Martinelli.* Mas não imaginava que a família do lutador fosse tão caudalosamente interessante. Quando começamos a montar, vimos que o material tinha cinqüenta, sessenta minutos, e pensamos: será um longa. A tentativa era preparar o filme para cinema. No entanto, nunca pude exibi-lo em circuito porque jamais o transformamos em 35 mm. Mas esses filmes não morrem. É engraçado que de repente venha um cara de Alagoas e pergunte: *"Onde eu posso achar a obra tal?"* Ao contrário do teatro, o filme fica vagando. Qualquer dia passa na televisão, vêm o vídeo ou o DVD, e algumas pessoas conhecem o que fizemos.

Gosto muito de *Quebrando a Cara*. Ele mostra o underground da cidade de São Paulo, a Boca do Lixo - não a Boca perigosa, porque ela nem era assim naqueles tempos, estava mais para um reduto de vagabundos. Os amigos Quinzinho e Zumbanão, figuras do lugar, queriam era não fazer nada, viver numa boa e ganhar uma grana. Tinham umas dez mulheres trabalhando para eles, vendiam uma maconhazinha, coisa pequena perto do que é hoje. O filme então tem isso, mostra essa Boca, o centro, a Av. São João com a Ipiranga, coisas que me agradam, o restaurante Tabu da Rua Vitória, que nem existe mais.

# Capítulo IV
# Subterrâneos

## 1. Medo do cinema

Caminhei com lentidão para a ficção porque tenho muito medo do cinema. O cinema é traiçoeiro, não dá para qualquer um. Quando você pensa que resolveu uma seqüência, e então ela lhe cai na mão, vê na verdade que não conseguiu realizar nada direito e diz: *"Errei mais uma vez."* Com o papel, você pode amassar e escrever de novo. Mas com a película do filme, não, principalmente no Brasil. O que está feito está feito.



Só fiz *Jogo Duro*, lançado em 1986, quando percebi que tinha as condições necessárias para tocar um filme de longa-metragem sem um diretor acima de mim. Para ser um diretor de cinema, não é preciso ter só talento, muito pelo contrário, ou não exatamente. Quando as filmagens desta minha primeira ficção começaram, em 1983, eu tinha mais de 40, tinha 41 anos.

O cinema exige dinâmica militar, hierarquia. Ao fazer um filme, você se prepara para uma batalha. O diretor é o sujeito que conduz a batalha. Se você não acredita nesse general, a batalha está perdida.

Depois de dirigir muito, mas muito comercial, de muito estudar, de aprender o que fazer dentro de um set, de saber com quem falar, e como falar, de como conduzir o processo de um filme, então fui dirigir meu primeiro longa-metragem. Em *Jogo Duro*, eu sabia perfeitamente o que significava dirigir. Mas guardo a impressão de que muito cineasta brasileiro não tem a mais leve idéia do que isso representa. Não é culpa dele, porque no Brasil você não é assistente de ninguém, eu mesmo não pude ser assistente de um diretor. Fui assistente de Julio Xavier na publicidade. Ele me chamou, disse *"vê o que eu estou fazendo"*, me deu dicas técnicas e eu me vi aprendendo. Fiz três ou quatro filmes com ele até que me deram um para conduzir sozinho dentro de uma agência.

O cinema exige que você domine um arsenal técnico pesado, você precisa saber o que é a emulsão de um filme, o que está acontecendo num laboratório. Tenho profundo respeito pelo cinema, acho um negócio realmente difícil de fazer. O sujeito sem essas condições realiza um primeiro filme, um segundo, um terceiro. É uma coisa inacreditável. A imprensa tem grande responsabilidade nisso. Ela elege diretores, mistifica. Um exemplo é *Cidadão Kane*. A imprensa fala: *"Quando Orson Welles fez o filme, tinha 25 anos e não sabia nada de cinema."* Espera aí! Ele era o criador do Mercury Theater aos 22, já tinha feito rádio, o programa *Guerra dos Mundos* aos 23. Quando chegou ao cinema como diretor, dominava outras atividades afins. Pegou Joseph Cotten como ator, Robert Wise fez a edição, Herman Mankiewicz compartilhou com ele o roteiro. Então, não é verdadeiro dizer que ele era um garoto de 25 anos que chegou sem nada no estúdio e começou a filmar. Isto incita um idiota de 25 anos a entrar num estúdio e achar que pode... É muito complicado.



Eu não conseguiria trabalhar em um negócio que eu não conhecesse. Um negócio em que eu não pudesse chegar para o cara e dizer: *"Desculpe, mas não é assim. Nós vamos fazer deste jeito."* E poder explicar, porque se você não sabe explicar, o cara faz da maneira dele. Se você explica, ele entende e diz: *"Vamos fazer do seu jeito."*

Tenho trabalhado em minha vida profissional com dois diretores de fotografia excelentes, Rodolfo Sanchez (*Edifício Martinelli, Quebrando a Cara, Festa, Sábado* e *Boleiros*) e Pedro Pablo Lazzarini (*Jogo Duro, O Príncipe* e *Uma Outra Cidade*). Enquanto o Sanchez encara a claridade, é estável e dificilmente erra, Lazzarini, mais ligado aos ambientes quase sem luz, opera no risco, na ousadia, para alcançar um degrau mais alto.



O Lazzarini diz certas coisas... Na seqüência dos mendigos na Pça. Dom José Gaspar, em O Príncipe, todos os figurantes em cena, a parafernália em cena, ele se dirige ao câmera deste modo: *"Abre tudo! E reza!"*

*Ugo Giorgetti, com Rodolfo Sanchez*

*Lazzarini, com Otávio Augusto e Eduardo Tornaghi*

Cinema é uma profissão. Toda noite eu saía da agência de publicidade e, em vez de fazer happy hour, ia para a LynxFilm conversar com o Chick Fowle, fotógrafo de *O Cangaceiro* e *O Pagador de Promessas*. Eu perguntava: *"Chick, e esse negativo?"* E ele me contava histórias: *"Quando a gente filmou* O Pagador, *aconteceu isso e aquilo, um problema técnico, toma muito cuidado."* Ele sempre dizia: *"Técnica é para quando você não está inspirado."* E falava outro negócio bonito: *"Num filme, você está inspirado dois ou três dias. Duas ou três seqüências ficam legais. O resto, velho..."* E ele tinha razão. O filme tem dois ou três piques. O resto... é o filme. Daí a necessidade da técnica. Dizem que ele era acadêmico. Perfeitamente. Você tem de partir de um princípio. E o princípio é acadêmico. Ele nem era acadêmico, eu não o chamo assim. Era clássico, algo bem diferente.



Glauber Rocha fez um grande filme, *Deus e o Diabo na Terra do Sol*, cujo cartaz deixo pendurado em minha sala. Mas carreira, ele não fez, porque não sabia nada. A intuição, o gênio, isto faz você fazer um filme. Ele fez um. Mas o resto... O resto é o que o Chick falou.

RAUL ROCHA e UGO GIORGETTI apresentam:
Escrito e Dirigido por
UGO GIORGETTI
JOGO DURO
JESSE JAMES CININHA DE PAULA CACÁ CARVALHO
VALÉRIA DE ANDRADE LUÍS GUILHERME
Antônio Fagundes Paulo Betti Eliane Giardini Cleide Yaconis

## 2. *Jogo Duro*

Cheguei a *Jogo Duro* um pouco tarde. Dentro das circunstâncias do Brasil, uma boa época. O Pedro Pablo Lazzarini, que fotografou *O Príncipe* e *Jogo Duro*, me levou a fazer o filme, não me lembro bem por quê. Você precisa me colocar nas datas, não adianta me pôr fora do tempo. Lembre-se do seguinte: em 1983, quando eu comecei a filmar este longa, era publicitário e ganhava grana pra caramba. Agora, a publicidade está meio ruim, mas aqueles eram anos do milagre brasileiro. Nos anos 70, eram muito comuns filmes comerciais de 200 mil dólares. Os cachês acompanhavam, tudo era muito bem pago. O que eu era? Um publicitário, num momento ainda ideologicamente exacerbado, complicado. O publicitário, com toda razão, era entendido no mínimo como um sujeito fútil, inconseqüente, meio irresponsável, meio idiota; no máximo, como um conspirador contra a classe operária e o escambau. E eu, um cara muito mal-visto por pessoas do establishment do longa-metragem.

Os únicos realmente meus amigos eram os diretores Roberto Santos e Denoy de Oliveira, este uma figura de uma generosidade impressionante. *"O Martinelli é muito bom, esse cara é bom, que é isso, pô!"*, ele dizia. Vinha conversar comigo na agência, soube do Quinzinho, enlouqueceu... O Denoy era uma figura realmente bacana. Então, eu não tinha nenhuma chance na Embrafilme, nenhuma chance de qualquer tipo de financiamento, dois roteiros meus foram vetados anteriormente. Para fazer um longa-metragem, tinha de arrumar uma cooperativa e arranjar dinheiro em algum lugar, mesmo que tivesse de tentar a Embrafilme de novo, sem nenhuma esperança de ser atendido.



Não me lembro bem por que fui levado a fazer o roteiro de *Jogo Duro*, se por razões técnicas ou se já tinha essa idéia. Não me lembro direito porque ficou tudo muito misturado, começou a entrar em cena o processo de produção. No cinema, tem sempre um maluco que topa "fazer". Entrou na minha vida um sujeito chamado Raul Rocha, meu amigo até hoje, que produzia filmes pornô na Boca do Lixo, a região do centro de São Paulo onde havia produtoras desta natureza, e onde outros independentes começaram naquela época. O Paulo Rocha era gente fina, amigo do fotógrafo Pedro Pablo Lazzarini, que me disse: *"Esse cara quer fazer um filme, você é publicitário, o cara topa pôr um dinheiro se você puser também."* Eu perguntei para o cara: "Você põe?" Ele disse: *"Eu ponho."* E eu: *"Mas eu não vou fazer filme pornô!"* O cara disse: *"Não, não, você faz o que quiser."* Esse cara foi sensacional! Tudo o que eu falava, ele dizia *"maravilhoso"*, até mesmo quando resolvi colocar Jesse James, um ator da Boca, como protagonista.



Tínhamos tanta certeza de que a Embrafilme iria reprovar o roteiro que nem apresentamos o projeto. O Raul pôs uma grana, eu pus a mesma quantidade (em dinheiro de hoje, o total de uns 100 mil reais), o resto era cooperativa. Todo mundo tinha uma porcentagem do filme, mas é claro que ele não rendeu nenhum centavo a ninguém. O Miguel Ângelo dos Santos Costa fez o som direto (deste e de todos os meus filmes). A Isabel Giorgetti, minha ex-mulher, embora eu já estivesse separado dela à época, disse *"vamos nessa"*, e não recebeu pela direção de arte. O Paulo Mattos Souza, montador, também nada. A câmera e a moviola eram emprestadas da Fathom Filmes, uma produtora de comerciais muito importante na época. A CPU forneceu o refletor.



A idéia era fazer o filme mais barato possível. E eu entro aqui com um dos meus axiomas da direção: *"O diretor, se não sabe produção, está perdido."* A primeira coisa que ele tem de aprender é a produzir. Até o roteirista tem de fazer estágio no produtor, para controlar o próprio sonho: não adianta querer doze pessoas escalando a Torre Eiffel, porque há impossibilidades reais nessa área. Na época, eu já sabia muito de produção. *"Vamos fazer um filme com essa grana? Então tá"*, falei.

O que é um filme barato? Um filme barato é aquele em que você não desloca a equipe. Se você não desloca a equipe, as loucuras estão controladas. Se você desloca, é uma Kombi que quebra, chove, é a prefeitura que não deu a licença para filmar não sei onde, é o cara que voltou atrás. Se você faz tudo num lugar só, você não desloca a equipe; se você não desloca, o filme fica barato. *"Vou fazer na minha casa"*, pensei. *"Ou, melhor, vou fazer numa casa vazia, nem precisa de móveis."*

*Jogo Duro* era um filme tão louco que a produção se movia conforme as filmagens no local. Se havia uma pessoa rodando no quarto, a produção ficava na sala. Era um filme concebido para não precisar de nada. Poucos atores na locação, e na região central de São Paulo, para nenhum dos envolvidos na produção dizer que não conseguiu chegar porque teve greve de ônibus. Só havia luz para filmar em torno da casa: o personagem de Cacá Carvalho ia embora, virava a esquina e a cena acabava.



Eu já havia pensado no Pacaembu como cenário, porque sempre morei por ali. Me atraía a idéia de fazer um triângulo amoroso diferente lá dentro. Normalmente, o triângulo amoroso é algo requintado, europeu, tipo Ernst Lubitsch, o diretor alemão. Agora, um triângulo amoroso lúmpen você não vê. Mas existe! Eles têm, claro, seus corpos, suas posses. Me atraía o fato de criar um *"sistema de propriedade"* sobre a mulher, em que ela ia de um dono para outro. Me desculpe, mas eu acho que as mulheres trocaram o marido pelo patrão. Hoje, elas vão atrás do patrão. A opção da mulher daquele filme é entre um e outro proprietário, e ela usa a esperteza para sobreviver dentro desse sistema.



Fico me perguntando se esses personagens já tinham me ocorrido ou se apareceram a partir da necessidade de fazer um filme nessas condições de espaço. Não sei mais dizer. De qualquer forma, lembro que escrevi e reescrevi o roteiro poucas vezes. No segundo tratamento já estava bem. Lembro-me com carinho da cena final, a meu ver a melhor do filme, quando Jesse é baleado na multidão, ninguém sabe quem atirou e ele é deixado no meio da rua, depois de ter amado tanto aquela mulher, sem que a multidão se dê conta. Finalizar bem um filme é vital.

Na época, Cacá Carvalho, um dos três atores principais, estava muito famoso com a versão teatral de *Macunaíma*, que ele protagonizava. Eu precisava de um verdadeiro ator naquele filme, porque já havia escolhido o Jesse James como protagonista, e ele não era um verdadeiro ator. A Cininha de Paula era legal, vinha das comédias de televisão.

*Cacá Carvalho, Lazzarini e Jesse James em Jogo Duro*

Eu confio no humor, e o Cacá também era quase de humor (o Macunaíma dele vinha cheio de brasilidade, uma coisa esquisita). O ator de humor tem um arsenal maior para trabalhar. A Cininha é médica, pessoa difícil, sobrinha do Chico Anysio e tudo, mas legal, muito colaborativa. Disse *"vamos fazer"* e fez. Jamais produzi um teste com ela, que veio para o filme a partir da sugestão da responsável pelo casting, Níssia Garcia. Tive é de lhe pedir pelo amor de Deus para aceitar o papel.

*Cininha de Paula em Jogo Duro*

Esse filme é, possivelmente, o mais gostoso que eu fiz. O mais marginal entre os meus filmes. A gente não tinha nenhum compromisso com ninguém. O próprio Raul Rocha, na época, ganhava bem com seus títulos de sacanagem. Ele não se importava se ninguém fosse ver *Jogo Duro*. Queria um pouco de respeito para ele mesmo, que as pessoas falassem bem do seu trabalho. Portanto, a gente podia agir de maneira quase irresponsável naquela situação. Imagina não fazer teste com o Jesse!

*Eliane Giardini, Paulo Betti e Jesse James em Jogo Duro*

Eu acho até que ele passaria, mas eu não fiz. Quando lhe dei o papel - naquela semi-trevas em que ele vive, ainda que sendo uma pessoa maravilhosa - ele não percebeu que era o ator principal. No dia seguinte, voltou com o roteiro e disse: *"Não vou fazer! Não, não vou fazer! Não dá!"* Levei uns quinze dias para convencer o ator de que ele deveria representar. Disse: *"Jesse, porra, você vai fazer!"* E então ele topou. Foi muito engraçado, porque no segundo dia de filmagem houve uma reunião da equipe e os caras diziam: *"Não dá para trabalhar com ele, vamos parar por aqui."* O Jorginho Pfister, assistente de câmera, reclamava que o Jesse nunca parava no lugar, que não conseguia fazer uma foto com ele, que precisava lhe dizer a todo instante: *"Jesse, olha a máquina!"*



É por isso que eu acho que tem de ter 41 anos para fazer um filme. Eu chamei o Jorginho de lado e disse: *"Você está aí para fazer foco, e vai fazer, porque eu preciso do cara para o filme, velho. Eu não vou trocar ninguém, você se vira."* O Jorginho é filho de um grande montador, seu

Jorge Pfister, então eu disse: *"E ainda tem mais, vou contar o que está acontecendo para o seu pai."* Expliquei a ele: *"Seu problema é o foco, meu problema é a escolha do melhor ator para fazer o filme. E eu já escolhi. Não quero reclamação. Vou ver o copião amanhã."* Nessa hora, se você está tecnicamente inseguro, pensa: *"Vou trocar o cara, a equipe falou..."* Há muitas maneiras de fazer funcionar, você pode mudar a lente... Mas trocar o ator principal?

*Filmagens de Jogo Duro*

No fim, eles se acostumaram com o Jesse, uma pessoa encantadora, fantástica, que conquista pela absoluta irresponsabilidade. A frase *"você é tão maravilhosa que mereceria ter olhos verdes"*, que ele diz no filme, eu ouvi do Quinzinho. Tirei muita coisa dele. Este filme ainda está impregnado do Quinzinho. Em 1981, dois anos antes do início das filmagens, ele foi o protagonista, na companhia de Renato Consorte, do espetáculo teatral *Humor Bandido*, que eu dirigi e é das coisas de que mais me orgulho na vida. Naquele ano, o diretor Antonio Abujamra, o Abu, me convencera a ser seu sócio, por um objetivo nobre: reabrir o Teatro Brasileiro de Comédia, o TBC. O Quinzinho já tinha saído, entrado e saído de novo da cadeia, então resolvi utilizá-lo na peça, encenada ali.



*Jogo Duro* é um filme magro. Tem 86 minutos, poucos personagens. O velho do cachorro, o casal, o menino e a menina... Meu filho, Cássio Giorgetti, aparece na cena final, é um dos três garotos que vê o Jesse morto. Tem o Luiz Guilherme, o cara que quer comprar o revólver do

Cacá... E não me lembro bem por que o personagem da Cleyde Yaconis entrou, possivelmente para representar aquela burguesia quatrocentona do Pacaembu. Algumas coisas não são lógicas. Talvez eu precisasse de algo técnico no roteiro para contrapor ao personagem do Cacá, que é um vigia. Ele está guardando a casa. Guardando o quê? Quem? Pode não ter ninguém, mas já que vai ter, quem seria? Fazer roteiro é um pouco como cozinhar. Você prepara a comida, vê que falta alguma coisa no molho e completa o prato. Faltou alguma coisa no roteiro, fui lá e botei. Justamente por isso gosto muito desse filme, por essa simples necessidade de fazer e ir em frente.



Tenho muita simpatia pelo crítico Rubens Ewald Filho, não um cara que passe pelo cinema hoje e amanhã esteja fazendo não sei o quê. Ele é de cinema, coisa nossa. Foi o único que, há anos, me deu um conselho de cinema sério: *"Um filme tem de dar ou bilheteria ou prestígio. Se não dá nenhum dos dois, então vai fazer outra coisa."*

Pois o Rubens apareceu no set para acompanhar a filmagem de *Jogo Duro*. Quando ele viu o Jesse James como protagonista, ficou paralisado e me chamou de lado: *"Você sabe o que está fazendo, não sabe?"* E eu disse: *"Sei sim."* E ele: *"Põe o Tony Ramos no lugar dele!"* Eu falei que não, que faria com o Jesse. Ele me advertiu: *"Se você vai fazer com o Jesse, a responsabilidade é sua, hein?"* E eu retruquei: *"Claro que a responsabilidade é minha, eu sou o diretor do filme."* Não queria que a responsabilidade pelo trabalho do ator fosse dele; daí, sim, eu faria com o Tony Ramos. Depois o Rubens viu o filme e gostou, não sem depois dizer: *"Mas o Jesse, não sei não, hein?"*



Na época que eu dirigia muito para a publicidade, fazia uma coisa que a maioria dos diretores da área entregava para o assistente: o teste de videoteipe com os atores. Era muito interessante, porque via um ator resolver o personagem de um jeito, o outro, de outro... Eu misturava, pegava um gesto daquele que havia sido reprovado e colocava em outro ator. Ficava tardes inteiras nisso. Até disse um dia para a atriz Lígia Cortez, que faz preparação: *"Eu invejo você."*

Eu não fiz teste com o Jesse, mas já havia realizado muitos comerciais com ele antes. Numa propaganda dos relógios Technos, ele fazia um ladrão. O cara não tinha nenhuma técnica, mas também nenhuma inibição, porque era do meio. Fazia produção na Boca do Lixo, fazia câmera. Você acredita na contradição? Ele não tinha noção de como se portar diante da câmera, mas era cameraman da TV Bandeirantes!

*Antonio Abujamra, Adriano Stuart, Jorge Mautner e Ari França, em Festa*

## Capítulo V
## Só Alegria

### 1. *Festa*

Considero muito difícil levantar dinheiro para um filme. *Festa*, o longa que de certa forma me popularizou, em 1989, foi um grande acaso na minha vida cinematográfica. Naquela época eu trabalhava como associado à Companhia de Cinema, produtora de Germano Dias da Silva, o Maninho. Era associado, portanto não sócio da Companhia, tinha uma participação no grupo mas nenhum direito sobre o equipamento. Como diretor associado, controlava meu orçamento, e o Maninho era um cara muito honesto ao lidar com isso. Havia periódicas renovações de contrato entre nós. Um dia ele foi renovar comigo - em 1986 eu ainda estava muito bem financeiramente - e começou a chegar num ponto em que, mais do que aquilo que me oferecia, ele não podia dar. Então eu disse: *"Vamos fazer um negócio. Fecho pelo que você está pedindo, não se fala mais nisso, mas você me dá o seguinte: seu estúdio pequeno (ele tinha dois, embora já tenha entregado este, porque a publicidade anda ruim) por oito semanas; madeira, que vocês têm pra caramba; e o cenotécnico. Tudo bem? Eu vou fazer um longa."*

A reação do Maninho foi: *"Pô, um longa?"* Mas eu insisti: *"Você me dá isso aí por dois anos?"* E, bem, ele topou. A questão é que, nesses dois anos, não consegui dinheiro. Pior: saí da Companhia, porque meu contrato acabou, e fui para a produtora Globotec. Lá, comecei a levantar a grana para o filme. Entrou no projeto o Nello de Rossi, dono do restaurante Nello's, em São Paulo (por isso eu digo que sempre tem um louco para tornar o cinema possível): ele pagou os negativos, a Embrafilme finalmente aceitou participar com 40% depois da repercussão crítica de *Jogo Duro*, e eu liguei para o Maninho. Na publicidade existe honra também. Não tinha contrato com o Maninho, nem estava mais lá, os dois anos do acordo já haviam vencido, mas ele falou: *"Tudo bem, vamos fazer mesmo assim."* Me deu o cenotécnico, a madeira e o estúdio. E o filme começou.

Na verdade, eu não tinha a menor idéia do que iria fazer, não sabia qual seria a trama, os personagens, mas o mais importante, as condições para realizar um longa, eu tinha. Encarei o fato da seguinte forma: precisava escrever um filme para o estúdio. Você se acostuma com prazos na publicidade. Tem de entregar o que é preciso na data, sem conversa, e entregar direito. Também na sua concepção criativa, de roteiro, isso funciona. Se tem de escrever, algo tem de sair - e sair com o que tem. É nesse instante que você começa a evocar os fantasmas da sua cabeça. Eu gosto muito de sinuca, por exemplo - um homem contra seu destino - e coloquei esse elemento lá. Nos meus filmes há sempre o universo do jogo. O *Festa* tem sinuca, o *Jogo Duro*, o Jesse como ex-pugilista, em *O Príncipe* há o xadrez, fiz *Boleiros* sobre futebol. O jogo me atrai. Quem joga conta com a habilidade e a fortuna. Mas por que uma festa? Não me lembro mais. Decidi por exclusão.



Numa festa cabem 80 pessoas, e a idéia começou a me fascinar. É claro que não filmei a festa em si, foi outra história no subterrâneo.

Cinema tem seus fundamentos. Você precisa formar uma equipe. A equipe tem de ser sua, isto é, as pessoas ali reunidas devem fechar incondicionalmente com você. Se a equipe técnica age assim, passa-se aos atores. Se nem todos são conhecidos, tudo bem, porque estão cercados por gente que está com você.

*Filmagens de Festa*

Chamei o Otávio Augusto, era a primeira vez que trabalhava com ele. O Antonio Abujamra era meu sócio no TBC. O Adriano Stuart, eu não sabia dele pessoalmente como ator, mas ele freqüentava a noite, era um grande amigo. Com o Jorge Mautner, a amizade vinha da adolescência.

Ainda assim, no *Festa*, aconteceu um negócio ultradesagradável. O Nello quis dar sua contribuição, indicou um produtor e com ele se deu mal (ele tinha o produtor dele, eu tinha o meu).

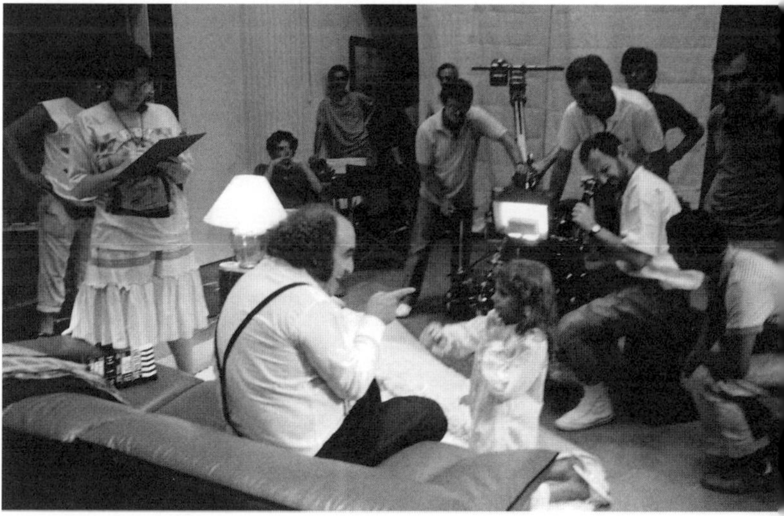

Esse cara do Nello, cujo nome não vou citar, criou um problema grave. Ele disseminou uma tentativa de greve naquela equipe que deveria estar unida. Já imaginou uma greve num longa? E o primeiro cara a aderir foi o Jorge Mautner! E por que o Mautner aderiu? Porque ele é completamente louco. Chamei-o de lado e perguntei: *"Escuta, desde quando a gente é amigo?"* Ele falou: *"Desde 1959."* E eu comecei: *"Você se lembra que eu fui até sua casa, tinha um James Dean do teto até o chão?"* E ele: *"Pô, se lembro!" "Ali na Abílio Soares..."*, continuei. Ficamos conversando uns cinco minutos nessa linha e então eu disse: *"E você está fazendo a greve contra mim?"* A reação dele: *"Eu estou fazendo greve?"* Precisei dizer: *"Com certeza, você não só está fazendo como disseminando a greve."* E ele: *"Acabou a greve. Você acha que eu iria fazer uma coisa dessas com você?"*



Eu tenho de pôr os amigos em cena, porque, de repente, é preciso fazer um apelo assim para continuar o filme. Imagine aquele trio central formado por Mautner, Abu e Adriano. Suponha que no meio do filme, bem ali no meio, o Mautner diga: *"Eu decidi que o personagem é homossexual e vou desmunhecar um pouco."* Como eu vou fazer, refilmar tudo? Cinema é complicado, tem de se proteger e dar um bote nele. É preciso dominar o argumento emocional que ligue você ao cara vital dentro do filme.

*Ugo Giorgetti dirige Jorge Mautner*

Naquele caso, o Mautner não percebeu que eu era o diretor e o produtor de *Festa*, achava que o produtor era um outro alguém que lhe devia coisas... Quando percebeu que eu também produzia, parou a greve no mesmo instante.

Você precisa receber essas pessoas de braços abertos. Estou convencido de que é preciso se deixar levar pela atuação, mesmo com objeções. Há quem considere a performance do Abujamra no filme muito teatral. Por outro lado, a máscara que ele apresenta diante da câmera suplanta tudo. Cinema é um negócio de close. Quando você faz um close, o espectador tem de ficar ligado naquela cara, mesmo que ela permaneça imóvel, sem falar. E o Abu é capaz disso. Naquela época, ele tinha atuado em uma novela da Rede Globo, *Que Rei sou Eu?*, como Ravengar, um personagem popular. Depois, foi a vez de um solo no teatro, *O Contrabaixo*, de Patrick Süsskind. Em *Festa*, ele contrabalançava a atuação, não era uma interpretação sutil se comparada com as outras dentro do filme. Ele mesmo garantia não ser um ator...

Mudei bastante o que ele falaria _ não o texto em si, mas as palavras para dizer uma mesma coisa. Seu personagem deveria representar um pouco o que o Jesse James foi em *Jogo Duro*. Contudo, seria difícil pedir a ele que falasse gíria como um sub-Adriano Stuart, ficaria grotesco. Troquei então as palavras para que ele parecesse ser um cara deslocado, que exercesse aquela função de jogador como um sinal de decadência, alguém que no passado tivesse sido um homem de informação e, no presente, se visse acabado daquele jeito.



Quem me deu a idéia do Abu como protagonista foi o Antonio Fagundes, que trabalhou em *Jogo Duro* no papel de um corretor de imóveis. Na época, o Fagundes era casado com a sobrinha do Abujamra, a Clarice, também atriz. Você não olha para quem está tão perto, o Abu era meu sócio e nem percebi o que ele poderia fazer. Cheguei a pensar no Zé Trindade para o papel. Convidei-o, mas ele me disse: *"Não adianta você me dar três linhas, que eu não decoro."* Com ele, só se podia dizer o que fazer, e ele fazia. Mas eu precisava que dissessem o texto corretamente. Não foi difícil filmar *Festa*, no fim. Foi até tranqüilo, excetuado aquele dia de manhã quando cheguei no set e disseram que não filmariam.

Se a gente olha retrospectivamente, observa que a ocorrência do segundo filme altera tudo, dependendo do que aconteceu naquele de estréia. Ninguém viu *Jogo Duro*, a não ser algumas pessoas da crítica, como o escritor Caio Fernando Abreu, que no Caderno 2 d'*O Estado de S. Paulo* de 12 de abril de 1986, ao cobrir o Festival de Cinema de Gramado, disse sobre o filme, em matéria intitulada *Jogo Duro, da cor de São Paulo*:



"E o *Jogo Duro* talvez seja a melhor surpresa deste festival. Para contrastar com a suposta genialidade de vanguardas que nada têm a dizer, vem a clara simplicidade de quem, ao contrário, tem muito a dizer. E sabe como. "Jogo Duro" é um filme nu, direto e sem meias palavras para falar sobre a decadência urbana e social. Seus personagens são marginais - e felizmente marginais que não filosofam - abandonados na cidade de São Paulo.

No ambiente quase inteiramente nu de uma casa que já foi luxuosa, numa rua do Pacaembu, cruzam-se um vagabundo, uma mulher com a filha e um guarda de prédio. Quase sempre enclausurado, entre quatro paredes, ou na rua, o filme poderia ser chato e teatral. Não é. A direção segura de Ugo Giorgetti imprime a marca do cinema em cada cena. E, nessa história áspera de paixão e abandono, quem sai ganhando é o espectador. Impossível resistir a estas imagens cruas e limpas dos exilados da sorte.



Filme de atores, 'Jogo Duro' soube escolher muito bem seus anti-heróis. Jesse James, um galã da Boca, é nada menos que magnífico na sua cândida virilidade. Cininha de Paula apresenta o melhor trabalho de interpretação feminina, até agora, no festival. Correndo por trás, vem Carlos Augusto Carvalho (aquele macunaíma, de Antunes Filho) num trabalho contido, interiorizado e denso. Sem poses nem estéreis vanguardismos, *Jogo Duro* consegue comover. Dói, como dói na gente a cidade de São Paulo. E do mesmo jeito, apaixona. Perigosamente."

É fácil imaginar que no meu segundo filme não tenha conseguido ser totalmente irresponsável como fui em *Jogo Duro*, embora considere ter arriscado muitíssimo nele. No segundo filme, a gente deve ser criativo como no primeiro. Por exemplo, peguei o Adriano para o papel de protagonista, mas fazia trinta anos que ele não atuava. Sua função também era dirigir filmes, ele fez isso com os Trapalhões, mas não tinha certeza sobre como se sairia novamente representando.

*Adriano Stuart, em Festa*

*Festa* é uma idéia diferente de *Jogo Duro*. Imaginei que ninguém fosse ver, pensando retrospectivamente. *"Vou colocar um pouco mais de humor"*, decidi, e daí o tom diferente dele em relação ao primeiro. E outra coisa. O *Jogo Duro* não faz nenhuma concessão ao espectador burguês. Ele não vê, lá, nada que se assemelhe a seu mundo. Há uma velha louca interpretada por Cleyde Yaconis e um casal, Paulo Betti e Eliane Giardini, que aparece por dois minutos e pertence a seu universo. O resto... São pessoas que nada têm a ver com o espectador que vai ao cinema. E você tem de falar com essas pessoas um pouco, senão o filme não vai adiante. Você só se interessa por você mesmo, essa é que é a verdade. Querer saber do universo do outro? Difícil.



*Festa* é um filme legal porque "aconteceu" do ponto de vista de público, foi bem nesse sentido, embora, como em qualquer outro filme, haja coisa que eu gosto nele, e coisas que não funcionem. Não gosto do personagem que lida com o cachorro, por exemplo, não pelo ator, não sei bem por quê. A gente faz o que pode, dá o que tem. É a loucura da arte. Creio que logrei muito bem duas seqüências. Aquela em que o Adriano Stuart e o Antonio Abujamra conversam sobre como era passar a noite na pensão Tupinambá quando se chegava tarde: depois de ocupadas as camas, os retardatários dormiam de pé sobre uma corda estendida, com as mãos sobre os braços, encostados nela. Esta foi uma história que o Quinzinho me contou. Gosto muito também da cena final, a meu ver a melhor concebida, em que os dois jogadores e o músico se preparam para sair, o personagem de Otávio Augusto

*Ugo Giorgetti com Dadá, assistente de câmera*

*Ugo dirige Otávio Augusto e Jorge Mautner*

*Adriano Stuart, Jorge Mautner, Iara Jamra e Abujamra*

paga os três e a luz apaga. Um filme é feito de pedaços, e não cortei quase nada do que rodei neste. Acho *Festa* alegre, gostoso. Não hilariante, talvez, como a publicidade da época fez crer. Este é um problema comum em relação a meus filmes: a necessidade de colocar um gênero neles. Vai falar o quê? Que *Boleiros* é uma comédia? No vídeo, no jornal, está classificado assim. Sobre *O Príncipe*, o cara diz: é drama. *Jogo Duro* saiu como "drama paulistano" no primeiro cartaz do filme, aliás horroroso, tirado de uma produção da Boca, com três corações desenhados e furados por uma flecha (em 2002, a meu pedido, minha filha Paula, que é designer, refez o cartaz e colocou uma foto do filme). A incrível expressão "drama paulistano", então, veio por responsabilidade do próprio produtor Raul Rocha, que achava "melhor" assim. Talvez *Sábado* esteja mais próximo da definição por gênero, é uma comédia. Mas nem eu sei muito bem como identificar meus filmes. Sou publicitário, longa-metragista, roteirista? Aceito um pouco esse limbo em que me encontro, porque entendo a dificuldade dos outros em me classificar.

## 2. *Sábado*

Não fiz *Sábado*, em 1994, só para criticar o meio publicitário. Meu principal objetivo era realizar um filme em que as pessoas fossem obrigadas a conviver num espaço no qual ninguém desejasse estar. Nenhuma pessoa, ali, queria nada com a outra, todas viviam em mundos completamente diferentes. É o que acontece na cidade: convive-se obrigatoriamente num espaço com quem não se mantém relação. Por este motivo, você deve ser capaz de falar com pessoas do quinto mundo, do terceiro, do quarto, do primeiro, de conviver involuntariamente com elas. Como se pode conviver com a realidade do porteiro do seu prédio? De sua empregada doméstica? É impossível. Antigamente, a cidade era menor, não era preciso dispor de tantos serviçais em casa e havia um certo distanciamento, o dono da casa estava aqui, o empregado, ali. Mas quem morava no Pacaembu à época de *Jogo Duro* já era incomodado pelo exército de pessoas vendendo vassouras, enquanto nos anos 40 não passava ninguém no bairro. Enfim, quis fazer de *Sábado* um filme assim, em que as pessoas estivessem envolvidas num espaço único e se relacionassem entre si de maneira involuntária, quando não antagônica.

Meu primeiro pensamento era fazer o elevador do prédio quebrar com as pessoas que iam ver o tal vitral do artista famoso. Ficavam confinados quatro funcionários do Patrimônio Histórico e a ex-dona de um apartamento, uma paulista de 400 anos. De repente, desceria o cadáver. Seria, num certo sentido, melhor. Só que eu não consegui resolver o que faria lá embaixo, no térreo. Não haveria antagonismo entre o pessoal que aguardava, sendo todos eles moradores do prédio com o pensamento único de subir pelo elevador. Daí me ocorreu minha velha profissão e, mais ainda, estive nessa situação. Não uma, várias vezes. Uma ocasião, com publicidade, fazíamos um filme que se passava na década de 50. Fomos ao parque da Luz e armamos uma parafernália antes de o filme começar. A primeira providência, claro, foi colocar uma mesona de frios para a equipe. De repente, um cara chegou para mim e disse: *"Olha lá."* Vi um exército de lúmpens deitado em cima da mesa. E disse: *"Dá essa mesa pros caras."* Eu passei por isso, então. O Martinelli era um pouco assim. O relojoeiro com estabelecimento lá não se dava com ninguém do prédio, que a seu ver atrapalhava o negócio. Os habitantes eram muito antagônicos ali mesmo, sem nem haver outra classe social por perto.

A escolha do meio publicitário foi mais um artifício de roteiro, porque eu conhecia bem aqueles profissionais e nem um pouco os do patrimônio histórico. Gosto de partir de coisas que me são familiares, até porque tenho preguiça de pesquisar. Também acho, claro, que é preciso dar umas pauladas nessa gente que fica jogando negativo fora, um dia inteiro para rodar uma pequena cena. Essa inutilidade, dias e dias que perdi da minha vida filmando bobagem, oitenta vezes uma mulher que vira, oitenta vezes um cara que liga a fumaça, eu quis mostrar.

Foi muito bom trabalhar com todos os atores do filme. A Maria Padilha, por exemplo, principalmente em comédia, é genial, mas comédia sofisticada, tipo aquela de Frank Capra ou Ernst Lubitsch. Às vezes as pessoas erram e a colocam para fazer outra coisa, não dá certo. Não era a Padilha que ia fazer o filme, era a Irene Ravache, outra atriz muito competente, sem problema nenhum, que apenas não pôde estar lá, isto a exatos seis dias do início da filmagem. Eu liguei para a Níssia Garcia, grande amiga do casting, e disse: *"Níssia, pelo amor de Deus, vamos pensar rapidamente em alguém."* Falamos em Patricia Travassos, que também era adequada ao papel, mas de repente ela se lembrou: *"Padilha."* E eu disse: *"Padilha! Chama a Padilha!"*



Ela pegou o roteiro, leu, aceitou imediatamente participar, assinou o contrato e eu fiquei sem falar com ela, porque estava na Vera Cruz a três dias de as filmagens começarem, vendo o cenário. Iniciamos o filme sem a Padilha. O que acontece, e que é muito louco em cinema, uma quase irresponsabilidade, é que eu estava rodando uma cena no set e parou

uma mulher aqui do meu lado, ficou olhando para mim, eu olhei para ela e continuei fazendo o que fazia. Daqui a pouco alguém me falou: *"É a Padilha..."* Estava um pouco escuro, é verdade, mas eu... Me virei para ela e disse: *"Pô, Padilha! Vai se trocar que a gente vai filmar daqui a pouco."* Como todo ator, ela é uma pessoa que precisa do amparo do diretor. Mesmo assim, ela foi, trocou-se e eu pensei: *"Não!"* Acabou a cena e disse às pessoas: *"Gente, hoje chega. Vamos continuar amanhã."* Daí fiquei conversando com ela horas, fomos jantar. Mas você vê: a atriz ia filmar, mesmo que pensando: *"Filmar?"* Ela é ótima, muito divertida.

Eu já vinha trabalhando com vários atores. *Festa* tinha bastante, *Sábado*, mais. Eles foram surgindo. Escrever roteiro é teórico. Você tem os atores principais, mas depois, quando sente que falta alguém, você vai compondo... Eu gosto muito de personagens. Prefiro trabalhar num espaço mais restrito. Não sou um diretor que gosta de paisagem. Claro, eu preciso da paisagem para que ela dê uma tessitura ao filme. Mas o que me agrada é o personagem, mesmo quando ele é pequeno. Eu nunca deixaria um cara abandonado num set, nunca permitiria que ficasse de lado por ser um figurante. Um figurante! Quero saber quem é. O que me agrada é essa tapeçaria das pessoas. Em *Jogo Duro* já havia bastante dela. Não sei trabalhar com poucos atores, em curta, média ou longa-metragem. De repente, começa a aparecer gente nos meus filmes.



Nunca pensei muito nas razões para a escolha de determinado assunto ou cena. Portanto, não pensei nisso em *Sábado*. Sempre, no cinema, em primeiro lugar, estive fazendo alguma coisa paralela. Em segundo lugar, sou um superficial, um mediterrâneo, o dia inteiro tomando sol, não sou um alemão atrás das profundezas da alma. Tenho muito respeito pelo cinema.

*Cena de Sábado*

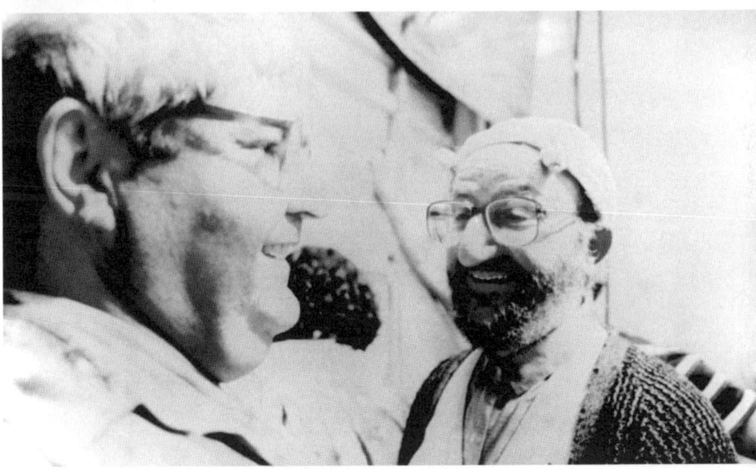

*Jô Soares e Décio Pignatari, em Sábado*

É gostoso escrever roteiro, é divertido. O roteiro é o sonho intacto. Em *Sábado*, cheguei para o Rodolfo Sanchez, o diretor de fotografia, argentino como o Pedro Pablo Lazzarini, excelente profissional, e disse: *"Vamos assistir a 'Cerimônia de Casamento (A Wedding – 1978)'", do Robert Altman. Quero me basear naquilo, no uso de lentes mais fechadas."* Também disse à cenografia que desejava um cenário parecido com o do filme. Mas me chegam ali com outra coisa, ninguém ouviu direito o que eu falei. Disseram: *"'O Casamento'? Deixa comigo!"*

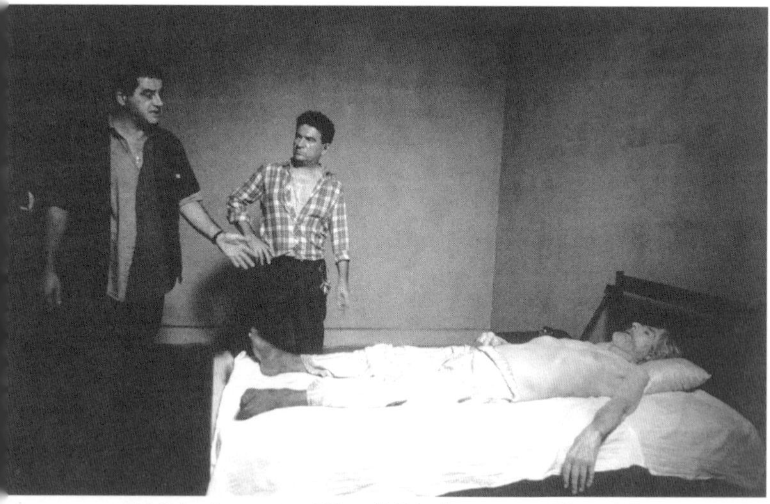

*Otávio Augusto, Wandi Diodoratto e Gianni Ratto*

Mas daí você vê o cenário montado e não é nada do que tinha pedido. Todos os cenógrafos e figurinistas fazem isso com a gente.

O segredo do métier é você ter um critério para avaliar se a sua idéia é melhor do que a deles. Descrevi o Bar do Elias, na região do Parque Antártica, sede do clube Palmeiras, em São Paulo, para a Isabel Giorgetti, diretora de arte de *Boleiros*, meu filme seguinte. Passaram-se dez dias e então veio ela com um bar... de dois andares! Daí eu disse: *"Como assim?"* E o produtor: *"Dois andares? Isso vai encarecer demais o filme!"* Mas aí eu falei: *"Espera. Eles estão descendo na vida, faz sentido. Decidi: dois andares!"* E o produtor enlouqueceu: *"Você aprovou? Dois andares? As luzes! Vai dobrar o valor do orçamento!"* Mas aprovei. O roteiro é o sonho intacto, como eu disse.



Em *Sábado*, há muitos ambientes. Há ambiente da periferia, que hoje é o ambiente do cinema brasileiro, no samba que rola na cobertura do prédio; o ambiente de suspense, ou terror, no personagem do poeta Décio Pignatari com seus pássaros. Mas para que essa junção funcionasse, foi preciso exercer o controle em cada etapa. Você tem de fazer um roteiro que lhe permita planejar, porque, senão, perde o controle inteiro da montagem. Eu acho que o segredo está aí. *Sábado* foi trabalhoso, mas muito discutido antes. Como *Festa*. Talvez *Festa* tenha sido mais complicado porque muita gente da equipe não acreditava em fazer filme numa sala só, mas mesmo assim saiu. Há uma seqüência em *Sábado* que penso ter realizado bem.

*Samba de roda na cobertura, em Sábado*

É aquela em que surge o personagem de Décio Pignatari, às voltas com os passarinhos no apartamento. Todos, na trama, precisavam dele para que desemperrasse o elevador. Mas ele não demonstrava pressa. Eu havia, neste momento, deixado uma frase para o Décio dizer, ele que fora ator amador no TBC: *"Vamos ter de esperar."* Mas ele falou *"Vamos ter de esperar"* e acrescentou: *"O tempo do lúmpen é diferente."* Foi um excelente improviso. Eu sempre os admito em meus filmes, se eles forem realmente bons.

*Giorgetti dirige Décio Pignatari, em Sábado*

Uma curiosidade, neste filme, é que Décio Pignatari contracenava com uma atriz lendária do mesmo TBC, a Madalena Nicol, companheira de Cacilda Becker, que no entanto não está creditada no filme. Ela interpretava a mãe de Décio. Atriz que atuou trinta anos na Inglaterra, Madalena tem um temperamento horroroso. Ela veio com algumas idéias para compor o personagem que eu julguei inadequadas. E então ela me disse: *"Sei que o que vai ser editado é o que você escolher, certo? Então, se for para fazer o que você mandar, eu não quero meu nome no crédito. Tudo bem?"* Eu concordei. Apesar disso, ela não criou caso. Atuou direitinho como pedi e se despediu cordialmente.

**Capítulo VI**
**Tema Principal**

1. *Boleiros (Era uma Vez o Futebol)*

Eu estava procurando um tema quando decidi por *Boleiros (Era uma Vez o Futebol)*, em 1998. Apesar de achar que o Brasil profundo não é aqui - o Brasil profundo não é São Paulo, São Paulo é um outro Brasil - é Brasil também. Eu me interesso por temas nacionais. O futebol é um tema nosso, embora haja as pessoas que não liguem para ele, provavelmente porque quase não exista intelectual com essa paixão. Nelson Rodrigues e José Lins do Rego escreveram sobre ela, mas nunca fizeram uma novela a partir do esporte. Eu me senti muito triste com a reação das pessoas quando lhes contei o tema do filme: *"Ah, futebol?"*, disseram. A mim o assunto interessa, considero-o um temaço brasileiro. E também pensei, não tenho compromisso com espaço fechado, vou tentar fazer um filme em locais amplos. Tratar futebol num espaço fechado é uma contradição em termos.

*Boleiros* foi um drama poeticamente trabalhado. Pesquisar o assunto, isso não me deu trabalho nenhum. Quase não fiz pesquisa, na verdade. Acompanho futebol desde os cinco anos de idade. O problema foi: vou fazer um filme sobre futebol, mas como? O assunto é um Pacífico. Preciso achar a maneira de entrar nesse oceano e não me afogar, de tão imenso. A decisão que tomei foi a seguinte: vou trabalhar com histórias exemplares, clássicas, histórias que se repetem no tempo.



Quis fazer um filme no qual as pessoas conhecessem os casos de antemão. O jogador que foi da seleção brasileira, ganhou rios de dinheiro e hoje está mal é um clássico. Aconteceu com o Garrincha, que pendurou na Caixa Econômica uma miniatura da taça Jules Rimet, conforme Ruy Castro conta na biografia *Estrela Solitária*. Acontece e vai acontecer. O menino que parecia o Pelé e não conseguiu sair do meio dele, conheço umas dez histórias parecidas com esta. A concentração... O Wilson Piaza, do Cruzeiro, quando passei o filme em Belo Horizonte, me disse: *"A gente fazia exatamente isso com o Palhinha!"* No tempo do Piaza, o Palhinha era o garotinho, então tinha de ceder seu lugar no quarto de hotel para as aventuras amorosas dos veteranos, exatamente como mostrei no filme, com outros personagens.

A costura para as histórias foi o bar, uma escolha meio óbvia, porque é no bar que se fala de futebol. Nunca vi ninguém comentando o assunto na Biblioteca Municipal Mário de Andrade, por exemplo. Balé clássico, talvez se converse por lá, mas futebol, certamente não. O bar é o mais clássico de tudo. O futebol se dá mais nesse ambiente do que em qualquer outro lugar. Em São Paulo há muitos deles. Na região do Parque Antártica tem o bar do Elias, que me emprestou várias das fotografias usadas no filme. Na Mooca existe um bar do Juventus. Há bar de boleiros em Madri! O ex-zagueiro Luis Pereira, que está lá, me levou para conhecer o lugar. E embora eu fale tanto do assunto, não conheço de perto muitos jogadores. Tenho um amigo que é o Valdir de Moraes, que foi um grande goleiro. Vou ao Elias com o Adriano, um freqüentador quase diário, e ali encontro algumas pessoas ligadas ao esporte.

Optei por enfocar só os times de futebol de São Paulo no filme porque imaginei que iria ficar muito calhorda, incrível mesmo, que naquela mesa de bar paulistano houvesse um cara que tivesse jogado no Flamengo ou no Internacional. Eles são apenas ex-jogadores do Santos, Corinthians, Palmeiras e São Paulo.

*Adriano Stuart, Flávio Migliaccio e Rogério Cardoso*

Todos entre os atores gostam de futebol, então foi fácil escalar profissionais para o filme. O Lima Duarte, por exemplo, que interpreta o técnico burro, eu fiz uma sacanagem com ele. Eu o coloquei como técnico do Palmeiras, sendo ele são-paulino, e conselheiro do time. O Adriano Stuart, aquele corintiano, virou são-paulino, o Cássio Gabus Mendes, também são-paulino, transformei em torcedor do Santos. Fiz umas perversidades, só para brincar. O futebol é uma coisa que transita bem pelas pessoas, então os atores

*Otávio Augusto como o juiz*

*Giorgetti dirige Boleiros*

aceitaram e incorporaram seus papéis sem problemas. O Otávio é outro que adora o assunto, torcedor fanático do Palmeiras. Não o escolhi como juiz por uma razão especial. O Otávio tem cara de tudo, então foi fazer o papel.

O Aldo Bueno, que faz o jogador santista, é muito bom também. No meio cinematográfico, é relativamente conhecido, fez um papel importantíssimo em *A Próxima Vítima*, do João Batista de Andrade. É sambista, cantor. Com ele, penso ter realizado o melhor momento do fil-

*Cena de ensaio de Boleiros*

me, a chegada de seu personagem, Paulinho Majestade, ao bar. Eu perguntei para o Aldo se ele conhecia o Joel Camargo, jogador. Como não conhecia, pedi que se inspirasse no andar do Muhammad Ali. Foi o que ele fez. Quando chega ao bar, sua pose é a de um boxeur, o que tornou o personagem ainda mais rico.

A Níssia Garcia ajudou, mas o casting a gente faz aqui mesmo na produtora SP Filmes. Foi a Níssia que propôs o Cássio Gabus Mendes. O Matinas Suzuki, à época editor de Esportes do jornal *Folha de S. Paulo*, saiu da minha cabeça. Ele só fez o pedido de aparecer de paletó e gravata no filme, e eu acatei. A Denise Fraga, que se saiu tão bem, eu vou colocar como juíza no segundo filme que pretendo fazer. Tem essa mania de juíza agora, não é? Outros personagens vão evoluir, os de Otávio Augusto, Adriano Stuart, Flávio Migliaccio. O Migliaccio foi uma primeira opção, é um ator grande, gente fina, esses caras foram todos assim. O Rogério Cardoso, que morreu em 2003, também.



Se eu pudesse, trabalharia alguns anos com o tema futebol. Não esgotaria o assunto, mas daria uma pincelada no Brasil através dele. Você encontra tudo no futebol. Se *Boleiros 2* não sair, faço um livro com as histórias que recolhi. Editam tanta porcaria, por que não editariam isso? Você encontra ali as situações-limite ausentes da vida. Tudo o que o cotidiano tem de opaco o futebol tem de inesperado, tudo pode acontecer a qualquer momento em torno dele. A tensão é permanente. Você pode se machucar, pode ler num jornal um dia que vão contratar um jogador para a sua posição. E o dinheiro? *"O Milan está falando em dois milhões de euros..."* O cara que joga nem sabe o que é isso!

Fora a guerra, é no futebol que você encontra as situações fundamentais. Todos estão na corda-bamba, tudo é muito perigoso. Vai-se da glória à miséria rapidamente. Havia um garoto jogando nesse time do Palmeiras que passou à primeira divisão em 2003, o melhor deles, o capitão Alceu, que sofreu uma contusão na metade do campeonato. Nunca mais ouvi falar no cara, nem nas comemorações pela saída da segunda divisão! Ele deve voltar, porque é um menino... Mas, de repente, é o que eu digo, você submerge, vai para as trevas num segundo. São situações extremadas. *Boleiros* é meu longa de maior sucesso, seguramente. Futebol é quase um filme de aventura.



Eu fiquei tão feliz quando os jogadores puderam assistir ao filme! Entre eles, *Boleiros* foi uma unanimidade. Só um jogador fez uma observação, e ele estava certo. Era o César do Palmeiras, o César Maluco, tinha de ser. *"O filme é muito bom. Mas você poupou os dirigentes"*, me disse. E eu falei: *"César, eu não sou político!"* Admito que ele tinha razão. Estava conversando com o Pepe na Portuguesa Santista quando entrou na sala um preparador físico. O Pepe me apresentou a ele: *"Este aqui fez Boleiros."* O cara tinha visto o filme e adorado, o que é impressionante. Lá em Santos, um outro do mesmo time disse: *"Fui à estréia aqui na cidade..."* E eu: *"Como você foi à estréia?"* À estréia compareceram vários jogadores sem que eu soubesse.



Depois, fui verificar com a distribuidora e era verdade. Não me avisaram do evento porque eu não poderia comparecer mesmo a todos eles. Com os jogadores, então, a repercussão não poderia ter sido melhor. O Raí fez um comercial em francês para o filme, de graça, porque adorou *Boleiros*. Apesar disso, o filme não viajou muito. Passou pelo Uruguai e Argentina, e isto porque eles descobriram sozinhos o filme e quiseram ver. Se eu tivesse deixado a distribuição a cargo de um grupo profissional, talvez ele fosse visto por mais gente, mas não sei. Para mim, não é um filme sobre futebol, mas também é... Um distribuidor profissional não teria essa dúvida, me mandaria colocar o filme no Cine Ipiranga e acabou.

Mas espero realizar a continuação, e é isso que me move. Para este filme, já fiz a pesquisa. Mostrei o roteiro ao Adriano Stuart, que disse: *"É muito melhor que o primeiro filme, porque você está falando do futebol de hoje."* Vou manter os boleiros, não seguindo a estrutura de sempre voltar ao bar, o que deixaria as coisas monótonas. De qualquer forma, estarão presentes os boleiros e o bar, com um pequeno detalhe: neste aparecerá o dono, um ex-jogador brasileiro do Boca Juniors, que gosta muito da Argentina, país a que pertence o time.



Esse cara, o que faz? Ele vai vender metade do bar para um técnico tipo Wanderley Luxemburgo, só que este Luxemburgo é um cara completamente mau, perde tudo e fica associado a um cara tipo Rivaldo, pentacampeão do Barcelona. O bar tem um telão, os boleiros ficam bravos, o bar é temático, tem grama... E o filme se faz exatamente na primeira visita do pentacampeão. Vem reportagem. Esse craque tem um meio-irmão que joga mais bola do que ele, só que está preso, não usa o mesmo sobrenome, então o que faz? Ele fica chantageando levemente o jogador: "Eu aqui na cadeia e ele comendo fettucine!" Vem uma advogada, em comunicação o tempo todo com a Casa de Detenção, leva seus dois mil dólares a ele e se envolve com o preso sentimentalmente.

*Otávio Augusto em cena excluída de Boleiros*

O empresário do jogador também foi boleiro. De repente, aparece a jovem Maria Chuteira com um garoto no braço vestindo a camiseta do Milan. O empresário negocia com ela: *"Você não está recebendo todo mês?"* Tem também a história de um cara que chega do México depois de trinta anos. Ele não fala mais português. Com aquele palavreado esquisito, procura a mulher que ele largou aqui, mas nem ela sabe se ele é mesmo o cara. Começam a procurar fotos, não acham, será que é ele? O sujeito jogou no Brasil em 1954, então aparece o personagem de Flávio Migliaccio para conferir. *"Você jogou comigo? Não sei quem é você, falando desse jeito!"* E o cara: *"Pô, fiquei trinta anos no México!"* A mulher entra na jogada, ainda gosta do cara, fica com ódio, o marido dela morreu, começa a gostar de novo do antigo namorado... No final, resolvem que ele é o cara mesmo.



Tem também um jornalista que escreve no bar, tipo Sartre, histórias de futebol. E esse cara que sempre foi a sombra do treinador... A única vez que ele pôde comandar um treino foi totalmente atrapalhada por um toró. Ele não tinha sorte. Mas era um estudioso, ficava de noite na escuridão do seu quarto. Um dia, de tarde, na final entre São Paulo e Fluminense, zero a zero, São Paulo precisando do empate, Morumbi lotado, faltam dez minutos e o treinador oficial é expulso de campo, como aconteceu com o Leão durante a final do campeonato brasileiro entre Santos e Corinthians, em 2002. O substituto ouve os comandos do técnico por um walkie-talkie, mas o desliga a uma certa altura e toma uma decisão que é uma bobagem monumental. No final, sai de camburão da PM e se desespera.



Pensei também em um episódio baseado no goleiro Ronaldo, aquele que ficou dez anos no Corinthians. Não aconteceu nada disso com ele, mas poderia ter acontecido. O jogador está há catorze anos no time, e é hora de renovar o último contrato. A negociação é uma pressão danada: reúnem-se quatro diretores contra o jogador, que está em maus lençóis, tenha empresário ou não. Pois esse jogador, a certa altura da negociação, decide: *"Não vou renovar!"* E volta para casa, quando a mulher fala: *"Não renova mesmo!"* Vai para o rádio e comunica a decisão. A torcida organizada começa a ligar na casa dele: *"A gente não esperava isso de você!"* A mulher (alguns jogadores obedecem a certas esposas) decide: *"Vamos explicar o que aconteceu para a torcida."* E eles vão. Em uma situação que lembra a de um julgamento, a torcida o apóia. *"Vai embora, você tem a nossa bênção, você fez o que tinha de fazer, os caras são cafajestes mesmo."*

Ele vai pra um time pequeno. Seu primeiro jogo é contra o time antigo, o grande time. Ele está no vestiário enquanto a torcida pensa em como tratar o jogador. Os líderes dizem: *"Atenção, gente, esse cara ganhou tantos campeonatos, cuidado, vamos ver como a gente trata ele..."* Começa o jogo e ele pega todas as bolas. Aos poucos, os caras torcem um pouco por seu sucesso... Mas, de repente, o time antigo faz um gol e ele cai. Quando o gol acontece, só pulam o autor e os companheiros de time. O goleiro se levanta. Foi o primeiro gol que a torcida daquele time não festejou. E eu pesquisei uma outra história de gratidão do torcedor que é impressionante. O Evair, que jogava no Palmeiras, saiu para jogar na Portuguesa.

*André Abujamra, em Boleiros*

O Palmeiras estava disputando no Parque Antártica cheio de gente e a Portuguesa, no estádio do Canindé, normalmente mais vazio. De repente, a torcida explode aqui no Parque Antártica. Gol do Palmeiras? Não, gol do Evair no Canindé! Há coisas muito bonitas de ligação do torcedor com a torcida. O dirigente polêmico do Vasco, o Eurico Miranda, contou ao Aldo Rebelo, da comissão parlamentar de inquérito sobre o futebol, uma história maravilhosa, de um torcedor que viajou de bote durante cem dias para ver o Vasco em Belém. Levou o dinheiro para voltar, não para assistir ao jogo. Ele só queria ver os jogadores. E se vê expulso do hotel. O Eurico Miranda presencia a situação e o cara lhe explica: *"Eu viajei tudo isso para ver o Vasco, nem vou ver o jogo, vou voltar, o cara me expulsa!"* O Eurico se adianta: *"Não, você vai jantar com o Vasco. E ver a partida."* E o sujeito diz: *"Mas eu não tenho dinheiro"*, ao que o Eurico responde: *"O Vasco paga!"* E aí vem a resposta do torcedor: *"De jeito nenhum! Foi o dia mais lindo da minha vida, não preciso de mais nada, eu vi os jogadores!"* E vai embora. A única coisa que une o país inteiro é isso!

Eu vou me divertir muito filmando, chamando todos os meus amigos, quer a produção saia num esquema profissional ou marginal, que é como estou levando as coisas hoje em dia (como sempre, aliás, levei). As histórias ficaram bonitas, as pesquisas foram grandes, falei com os jogadores. Você conversa com eles por cinco horas e aproveita... uma frase. Mas a frase é fundamental. O Valdir de Moraes, ex-goleiro e grande amigo, ficou batendo papo comigo. Ele é um sujeito muito bem-sucedido, muito racional, tem 71 anos, vai até hoje ao Corinthians. Ele pode lhe dar não um fato, mas uma anedota. Então eu lhe perguntei: *"Escuta, como foi o dia seguinte àquele em que você parou de jogar?"* (o Valdir interrompeu a carreira aos 40 anos, jogou 22 ininterruptos.) E ele me contou: *"Olha, no dia seguinte não aconteceu muita coisa não, porque eu tinha uma loja no centro, fui para lá e trabalhei. Agora, o primeiro domingo... Eu me senti desempregado, eu trabalhava aos domingos e todos os que eu conhecia também estavam trabalhando."* Só esta informação dele virou uma história para o filme. *"Eu ouvia pela cidade inteira a irradiação do jogo e eu estava em casa"*, ele continuava. *"Você não se afasta do futebol, você entra em um restaurante na via Anhangüera e aí um cara lhe diz: 'Ô Valdir, você devia estar lá'."*

## Capítulo VII
## O Tempo Devora

### 1. *O Príncipe*

Gosto muito de *O Príncipe*. Foi o melhor filme que fiz, porque nele consegui um sincronismo entre a forma do material e o que está sendo dito. Às vezes, você realiza seqüências de que não gosta, como em todos os filmes. Mas este parece mais próximo do equilíbrio. Aqui, vejo a história recente do país de maneira amarga. Mas não sou eu, neste caso, quem diz que o momento é de amargura. Obedeci o que via. Tenho gosto pelo diálogo, o que explica esta minha vinculação com o presente, marcada pelo filme. O diálogo passado é mais complicado de fazer, eu teria mesmo dificuldade em realizá-lo, porque a linguagem muda com velocidade espantosa. Nos anos 30, as pessoas se comunicavam de forma completamente diferente, e como recuperar este modo de dizer? Eu gosto de ouvir, sou um bom ouvinte de como as pessoas falam ao meu redor.

Meu primeiro roteiro, então, é um trabalho de máquina, de computador, mas não fico muito preocupado com ele. Como sou eu que dirijo os filmes que escrevo, vou adicionando as coisas aos poucos. Nunca fiz um roteiro para outra pessoa dirigir, ninguém jamais me pediu isso. Mas, se fizesse, talvez eu o pensasse de maneira mais orgânica. No primeiro roteiro de *O Príncipe*, tudo o que depois mostrei no filme já estava lá, de modo completamente diferente. São os mesmos personagens, mas inicialmente eles não caminham da mesma forma.



Há muito tempo eu queria falar sobre a amizade, esta amizade que você faz aos 20 anos e da qual é impossível se livrar - mesmo que não veja aquele amigo há muito tempo, ele está presente. Este foi o cerne. Alguns filmes talvez tenham me influenciado nessa abordagem, como *Era Uma Vez na América*, de Sergio Leone, a que assisti umas oito vezes. O filme me interessa muito, especialmente até o momento em que o menino transformado em homem sai da cadeia, ainda fiel aos amigos dos tempos anteriores. É, de certa forma, o mote de *O Príncipe*. Lembro-me que o Ministério da Cultura abriu um concurso para roteiros, e eu fui obrigado a escrevê-lo. Não sou aquele tipo que acorda todo dia de manhã e vai bater suas linhas. Quando me sentei para escrever, motivado pelo concurso, o tema surgiu.

A decadência de um ambiente cultural paulistano não foi meu primeiro motivo. Não foi o motivo original, mas quando fui investigar o que acontecia com aquela amizade, esta condição apareceu. Na verdade, não posso dizer com exatidão que as coisas tenham se passado assim. Mais uma vez, a gente esquece como tudo começa. O espaço de tempo entre a idéia inicial e a realização do filme é tão grande que parece difícil detectar esta origem. Foram três anos desde o primeiro esboço até a apresentação deste longa, em 2002.

*O Príncipe* também pode ter iniciado com esta sensação de que era preciso fazer um balanço sobre aquilo em que nos transformamos.

Não sei se ficou claro no filme, e então aproveito para dizer, mas eu me incluo entre aqueles personagens. Não acho que tenha feito qualquer coisa além do que eles fizeram. Quando você chega a uma certa idade, conclui que algo saiu errado, e há várias atitudes diante disso. Ou você faz uma tragédia ou uma ironia com o que aconteceu. Particularmente esta última é a minha maneira predileta de encarar as coisas, o que não desculpa a atitude de certas pessoas no filme. Uma coisa é dizer "falhamos". Outra coisa é falhar tão grotescamente, representando uma plena contradição do que se era na juventude.



Mas eu poupei muitos personagens. O de Ewerton de Castron, por exemplo, revolucionário transformado em empreendedor cultural. No filme, ele é uma pessoa amiga das outras, abraça, comove-se, cuida de tudo depois do suicídio do professor. E isto porque acho que a vida é uma coisa mais complexa do que a gente imagina. Não gosto de um tipo de filme que, a pretexto de denunciar, torna as pessoas canalhas ou virtuosas. A vida não é assim. Uma vez, um fotógrafo me disse esta coisa interessante, que se pode levar para a existência: *"Entre o branco e o preto, há dezessete gamas de cinza."*

É verdade que não poupei a instituição escolar. O diretor do colégio é ridículo e ponto final. Não sou uma pessoa afeita ao ensino, tanto que não acabei a faculdade de Filosofia. O ensino oficial sempre me deixou preocupado, embora hoje eu julgue ter tido uma boa educação, toda feita em escola pública.

*Ewerton de Castro e Eduardo Tornaghi, em O Príncipe*

São Paulo não tinha só o Otávio Mendes, de Santana, onde estudei. Tinha o Roosevelt e o Caetano de Campos, no centro, muito bons. É este desmonte que não consigo aceitar: um desmonte do processo civilizatório, mais do que do ensino, simplesmente.

Estou desconfiado de que a maioria das barbaridades hoje cometidas não pode ser atribuída a pessoas "culpadas". Elas nem sabem como poderiam ser melhores, não tiveram contato com a civilização no colégio.

*Filmagens de O Príncipe*

Como nasceriam sabendo que roubar não é legal? Este é um valor que a sociedade coloca para elas, não uma qualidade inata.

Para mim, o cinema é uma arte instantânea. Também não é simbólica, é uma arte do real. É instantânea porque tem de ser crível à primeira vista: você compra aquela imagem ou não. A primeira coisa que faço num filme é verificar quem é fisicamente adequado ao papel.

Escolho o personagem pelo que deve transparecer em seu rosto - e, com isso, já elimino trinta por cento dos candidatos. O protagonista, o Gustavo, que volta a São Paulo depois de vinte anos, vindo de Paris, chega a confessar sua fragilidade. Portanto, tive de buscar esta fragilidade também fisicamente no personagem, uma busca difícil, porque a maioria dos atores na faixa dos 50 anos é taurina, robusta. A partir disso, as escolhas que fazemos vêm quase prontas.

*A cena pronta.*

Decidi que Eduardo Tornaghi viveria o intelectual Gustavo, e veja só: vários daqueles livros mostrados na garagem da casa da mãe do personagem são do próprio Tornaghi.

Ele é um roseano apaixonado e até colocou *Grande Sertão: Veredas* no cenário. Procuro isso em um ator. Aconteceu coisa parecida com o Ricardo Blat, uma pessoa doce, maravilhosa, mas claramente atormentada na vida pessoal, um ator underground, em condições de viver o personagem do professor.



Tenho de pegar o que o ator me oferece. Não acredito muito nesses atores que fazem "qualquer coisa". Robert de Niro, para mim, é o *taxi driver* do filme homônimo de Martin Scorsese, ele tem a cara de um motorista de táxi. Talvez Otávio Augusto, que representa o jornalista paralisado na cadeira de rodas, escape um pouco disso e seja aquela exceção que confirma a regra. Ele faz as coisas de um modo muito diferente. Para mim, compor o casting significa se dar ao trabalho. Não adianta imaginar que o cara que está fazendo sucesso na novela das oito vai transferir qualquer coisa daquele sucesso para o seu filme. No entanto, vejo o cinema brasileiro ser feito a partir da linguagem da televisão. Procurar o filme popular brasileiro no cinema é uma contradição em termos. O cinema popular brasileiro está na televisão. O cinema brasileiro não é mais popular, exceto quando transmitido pela tevê. É uma perda de tempo procurar este grande público, porque o grande público está... perdido. Não há mais salas de cinema nos bairros, e a televisão chega gratuitamente à casa desse espectador. Muitas vezes, na tevê, ele até recebe um entretenimento inteligente. O cinema, então, tem de procurar o seu lugar, pelo menos este cinema sem grandes orçamentos por trás. Quando faço um filme, quero cooptar o espectador para ele. Cinema é para isso. Mas não há mais ambiente para promover esta arte.



Você diz que há um desnível entre os atores de *O Príncipe*. Eu acredito que o cineasta deve respeitar o ator. Em primeiro lugar, gostar dele.

Se você achar que ator é chato, gente difícil, não entre nessa. Eu gosto dos atores. Tenho gratidão por um cara que está se esforçando para dizer um texto que eu escrevi. Se o que escrevo é melhor, é melhor por causa dele. O diretor não pode ter méritos. Quem tem de ter méritos é o ator. Essa história de *Actor's Studio*, para mim, não funciona nada. O que interessa é o ator procurar o personagem, ao contrário do teatro, em que o diretor procura o personagem junto dele. Não tenho de procurar personagem junto com o ator. Ele é que tem de me trazer o personagem, porque eu tenho outras coisas para fazer, tenho de olhar o movimento de câmera, a lente, e a atuação é uma das coisas. Eu mesmo jamais atuei, sou realmente péssimo nisso.



Lembro-me de ouvir o diretor Clint Eastwood, naquele programa de entrevistas promovido pelo *Actor's Studio*, dizer por que não costumava gritar *"corta"* ou *"ação"* quando filmava. Nos westerns que dirigia, precisava enquadrar rapidamente dois cavalos e um cowboy; se dissesse *"corta"* ou *"ação"* em voz alta para o ator naquele instante, espantaria os animais e precisaria refazer a cena. Desde que começou a dirigir faroeste, ele desconfiou que gritar desconcentrava o ator. Não dirijo westerns para saber se esse comando atrapalha o intérprete.

Ao contrário de Clint Eastwood, sempre digo *"corta"* ou *"ação"* num set. Mas assisto à gravação da cena um pouco afastado do *video assist*, sentado numa cadeira. Fico com as mãos no rosto, observando. E então percebo uma coisa. Quando a cena acaba, ou ergo um pouco a sobrancelha ou fecho levemente os olhos. Quando ergo a sobrancelha, o ator se tranqüiliza. Mas, se fecho os olhos, ele imediatamente diz: "Acho que seria bom refazer esta." Não sei como os atores percebem esse movimento tão pequeno. De alguma forma, eles me observam.



O Otávio Augusto é um ator que faz o que peço, não é de ficar mudando as coisas que escrevo. Acontece que ele é totalmente intuitivo, como o Adriano Stuart. Não tem, para ele, essa história de ficar preparando o personagem em casa, de jeito nenhum. Pelo menos, eu acho. Nunca perguntei. O Otávio sabe o texto, mas não pensou nele. Quando começa a atuar, começa a procura dele. O Ewerton já é o contrário do Augusto. Trabalha profundamente. Ele tenta ajudar, pergunta como o tipo é, *"é sociólogo?"*, trabalha com objetos, é outra escola. Tornaghi, um ator sutil, é um pouco assim. É muito difícil ouvir. Falar também. Mas quem está falando já está se movimentando. Agora, quem ouve e processa o que está ouvindo tem um trabalho complicado pela frente. O Tornaghi faz isso com muita sutileza.

*Tomada de luz com Otávio Augusto e Eduardo Tornaghi*

Há outros estilos de interpretar, de estudar um papel. O Ricardo Blat é um obcecado. Me mandava recados na secretária eletrônica que acabavam com a fita. O Ewerton é um pouco assim - aliás, foi o Ricardo, por sugestão do Ewerton, que o substituiu no Rio, na peça *"Equus"*. Para dirigir essa gente, só tem um jeito: falar o português correto, claro. O ator gosta do texto, gosta do roteiro. Se o texto não está ali, ele fica inseguro, mesmo considerando o diretor um gênio. O Ewerton, quando leu o texto, disse: *"Aqui eu trabalho."* O Otávio também.

*Ricardo Blat*

Me ligou do Rio e falou: *"É um presente, eu quero interpretar esse cara."* Eles lêem muito bem e sabem se o texto dá para eles. A relação diretor-ator é basicamente de confiança.
Tudo se apresenta fracionado ao ator, ele não sabe quando aparecerá no filme. A Bruna Lombardi ficou ansiosa. Mas, quando confiou em mim, foi em frente, topou o desafio.

Minha produção falava: *"Vamos pegar uma pessoa muito bonita, como a Bruna?"* E eu dizia: *"Mas isto é que é legal."* O estranho é dar errado com alguém que tinha tudo para dar certo. O verso de Paul Valéry era: tudo conhecer e nada compreender. Eu filmaria de novo com a Bruna. Mas muita gente me disse: *"Você enlouqueceu. É por isso que ninguém foi assistir ao 'Príncipe'. As pessoas que gostam dos seus filmes odeiam a Bruna Lombardi!"* Bem, eu não sabia disso. Também me condenaram pelo Eduardo Tornaghi, por razões idênticas.



A fotografia deste filme, a cargo do mesmo Pedro Pablo Lazzarini que fez *Jogo Duro*, é limpa, bonita, se você quiser. Nunca me ocorreu sujar minhas imagens. O único cinema porco do mundo é o brasileiro, porque nos conformamos a viver sem recursos. O neo-realismo falava da guerra com as ruínas sob fundo fumegante. Por que, então, temos de fazer sujo?

Vejo que pareço mais seguro em *O Príncipe*, mas não pensei em mudar o meu jeito de filmar quando o fiz. Não construí nada racionalmente. Muitas pessoas falaram, inclusive pessoas inteligentes, que ele girava em torno de personagens que traíram seus ideais. Em nenhum momento do filme eu disse que eram pessoas sequer de esquerda! Eram, como todo mundo, contra a ditadura, provavelmente pessoas sofisticadas, intelectuais. Mas este definitivamente não é um filme sobre pessoas que traíram. É um filme sobre, novamente eu acho, o tempo, o que ele faz com você, ele lhe pega e começa a torcer, ele lhe coloca dentro de certas pequenas situações e você capitula, depois capitula mais um pouquinho, depois mais. E não há como evitar isso, a não ser que você seja uma pessoa de uma fortaleza espiritual muito grande, como o caso daquele judeu do filme, interpretado pelo Elias Andreato. O personagem me interessa muito, é um cara que realmente falou: *"Olha, estou fora dessa brincadeira."* E ficou no Bom Retiro, pagou o preço.

As coisas acabam sozinhas com o tempo. Ninguém destruiu a União Soviética a não ser ele. É o tempo que destruirá este sistema que nos põe a trabalhar feito loucos para comprar besteira. Para resistir ao tempo que corrói suas idéias, é preciso ser excepcional. Porque ele não só passa, como lhe coloca pequenos obstáculos, desvios, como se você recebesse informações falsas pelo caminho a toda hora. Vinte anos transcorridos e você se pergunta: *"Onde estou?"* E não dá para voltar. Você então começa a fingir, a dizer: *"Mudei, hein? Mudei!"* Começa a criar um monte de coisas para dizer que mudou. Mas você não mudou, você foi atirado para uma série de circunstâncias meio nas trevas... Estou falando de caras de boa fé, evidentemente. Esses caras do *Príncipe* todos têm boa fé, até o personagem do Ewerton de Castro tem.

O personagem do Otávio Augusto é brilhante, embora decadente, enquanto o do Bom Retiro não é brilhante, ao contrário, ele é opaco, talvez seja o mais radical de todos. O personagem da Bruna é muito mais comentado, falam mais dela do que ela aparece. O Otávio diz: *"Ela me procurou na redação."* E o Andreato: *"Casei com ela."* Nós não estamos vendo o que acontece. Funciona como mito. Fico pensando no personagem de Julio Medaglia dentro do filme e acho que ele, como ator, não leu o roteiro, uma vez que aquilo que ele faz lá pode estar ligado ao que sua personalidade pública representa. Eu gosto muito do Julio e ele, de mim, é amigo do meu irmão Mauro. Acho que ele pegou o roteiro e falou *"tudo bem"*, mas quando viu o filme, disse: *"O que eu fiz?!"* A Bruna também teve grandeza, porque podia ter me dito: *"Espera um pouco. Essa história se parece com a minha."* Mas não falou nada. Eu não sabia que ela havia publicado livro de poesias, juro, foi o Eduardo Tornaghi que me informou isso. E o livro de poesias, dentro do filme, é objeto de escárnio do jornalista decadente interpretado pelo Otávio Augusto.

Por gostar do maestro Julio Medaglia, sei de seus problemas, reconheço que ele precisa fazer certas coisas para sobreviver no ambiente cultural. Mas fico imaginando agora que ele recebeu o roteiro e pensou: *"Eu vou aceitar, sim, vou mostrar o que sou obrigado a fazer."* Às vezes um ator tem essa grandeza. Eu me lembro que em *Festa* nenhum profissional quis interpretar o ator deslumbradinho da Globo que falava besteira na cara do senador. Essa participação deu trabalho, o único cara a dizer *"deixa que eu faço"* foi o Ney Latorraca. O Ney é um maluco de uma amplitude muito grande. Às vezes, a gente encontra o ator certo para o papel. A Bruna leu cuidadosamente o roteiro de *O Príncipe*, talvez o Julio tenha também sacado e resolvido interpretar mesmo assim.



O filme foi mal-visto, bem mal-examinado pela crítica brasileira. Naquela cena dos mendigos na praça José Gaspar, as referências visuais para eles vinham da arte medieval, mas um crítico enxergou "coisa publicitária" ali. São figuras medievais aquelas, e o são por conta da presença do escritor Dante Alighieri, cuja estátua está ali à mercê dos pombos. Era uma intenção que eu imaginei bastante explícita. Se eu fizesse algo exagerado, teriam razão de reclamar. Mas acho que ficou algo no limite, os mendigos usam trapos e remetem sim àquele período da história, especialmente quando andam de carroças e acendem o fogo no meio da cidade. Não dá para bobear com isso. Se você bobeia, não se vincula ao real. E este filme pretende estar vinculado a ele. Soube de pessoas que não entenderam certos momentos. Quando o diretor da escola fala *"houveram"* em lugar de *"houve"* para o tio do professor internado, o personagem de Tornaghi retruca com uma expressão de estranhamento, o que significa que percebeu o crime gramatical cometido pelo mestre. Algumas pessoas, contudo, nem perceberam o que eu fiz. Viram ali um erro de português que *"deixei passar"*.



Mas o pior mesmo, em relação aos examinadores da obra, foi dizer que o personagem principal partiu do país por causa da situação econômica e social do Brasil... Em que momento o filme diz isso? As pessoas têm um lugar-comum na cabeça e não tiram mais. Então, todos os que saem do Brasil o fazem por razões políticas, econômicas e sociais? Não! Ele pode ter razões existenciais para ir embora. Qual é o problema? Ele é um homem vago, estilhaçado. É o estrangeiro do livro de Albert Camus.

Há, é claro, algumas coisas no filme de que não gosto, por exemplo aquela cena em frente à igreja, depois da missa de sétimo dia do professor de história interpretado pelo Ricardo Blat. A primeira tomada não ficou boa. Quando refilmamos, eu inventei uma chuva, já que o céu estava nublado. Até chamei o caminhão para fazer água cair. Mas então, aí sim, o resultado me lembrou um comercial de televisão. Bruna Lombardi, a chuva... Na hora de montar, tive de esquecer esta seqüência e procurar outros planos. Na verdade eu deveria ter voltado a filmar, ter colocado alguma imagem dela de frente, ou de costas, ter deixado claro que ela não avistava o ex-marido, interpretado pelo Elias Andreato. Deixar as coisas claras é um dever. Mas a Bruna não pôde refazer a seqüência porque já havia viajado e a produção tinha sido desmontada.

O personagem da Márcia Bernardes, a viúva do professor, também sofreu. Roteiro é roteiro, tem de ser meditado. E eu percebi em meio à filmagem que faltava algo que ligasse a morte dele a ela, que explicasse o fato de ela trabalhar como fotógrafa de cadáveres e de repente ver morto o marido, que logo seria fotografado por um outro profissional como ela. Coloquei aquele discurso para que dissesse, e a atriz quase desmaiou, porque afinal o roteiro já estava em suas mãos quando chegaram perto dela com isto: *"Márcia, modificamos aqui um pouquinho..."* Não acho que cinema se faça desse jeito. Sempre aparece uma cena não bem lograda, mesmo neste filme, de setecentos planos bem-sucedidos. Nesta situação admito que houve uma completa mancada da minha parte. Com a experiência que tenho, deveria ter realizado duas tomadas. Quando eu escrevi o texto adicional, já era hora de filmar e decidi acertar tudo depois. Mas era preciso ter existido uma versão em que ela não falasse, na qual a câmera ficasse nela o tempo que fosse, o que não me ocorreu. Eu estava tão preocupado com o texto que escrevera e com a atriz que o interpretaria que filmar outra tomada não passou pela minha cabeça. Poderia ter escrito suas intenções de outra forma, ter cortado para a máquina fotográfica dela e eliminado muitas palavras.

Foi algo que aconteceu em *O Príncipe*, mas não em *Boleiros*, por exemplo, que era todo encaixado, todo previsto, um quebra-cabeças entre o que está acontecendo no campo do Juventus e o bar. É um filme, neste sentido, mais racional, pensado direitinho. *O Príncipe*, um pouco mais livre, permitiu que coisas assim acontecessem. No entanto, há muito mais momentos de que gosto neste filme do que os que me incomodam. Por exemplo, acho muito bem logrado o diálogo final entre os personagens de Bruna Lombardi e Eduardo Tornaghi. Enquanto se despedem, eu uso o recurso do apagão e desligo as luzes da sala. É como se, ao deixá-los no escuro, reforçasse a treva que é, no fundo, a cabeça deles. O melhor de tudo foi a facilidade e a naturalidade com que filmei a cena.

*Ugo Giorgetti durante as filmagens*

Chato, para mim, foi o silêncio que se abateu sobre este filme depois de lançado. Uma coisa é um fracasso de pequenas dimensões. Este é um fracasso de grandes dimensões. Os que gostaram dele falaram bem, os que detestaram falaram mal, e depois uma pedra foi colocada em cima do filme. Discutimos tanto a cultura brasileira nos jornais, mas ninguém ligou aqui para lembrar que *O Príncipe* falava disso... Ligaram porque me acharam um cineasta, para que eu desse o meu depoimento sobre a nova relação do governo com o cinema. O filme está se revelando, num espaço de tempo, atual. O que está acontecendo de novo é aquela grande festa brasileira, na qual não cabe discussão. Daqui a pouco, o cara vai embora do Brasil e vão dizer: *"Tinha de ir embora mesmo, a situação política e social..."* E vão errar de novo.



É chato quando ninguém sabe o que fazer com um filme. E ninguém sabe o que fazer com *O Príncipe*. O embaixador Arnaldo Carrilho, ex-presidente da Riofilme, esteve certo quando disse: *"Este filme tinha de ser discutido."* Falar bem ou mal é irrelevante para mim. Mas é preciso falar. O silêncio me deixa perplexo. Existe, é claro, o fato de o filme ter sido mal distribuído e, portanto, pouco visto. Mas não sei. Vêm o vídeo e, espero, o DVD do filme, e ele ganhará possivelmente uma elasticidade temporal, como acontece com *Boleiros*, na prateleira por quatro anos, e com interessados. Mas eu não sei o que atinge o público. É impossível prever. Claro que você sabe que alguns filmes jamais vão chegar a ele, como *O Príncipe*. Mas o que vai... Principalmente no caso dos meus filmes, o que dá para saber é o que nunca vai chegar.

## 2. Melancolia da cultura

Tenho trabalhado demais e achado tudo complicado. Não entendo muito bem onde estou. Leio *O Império*, do Antonio Negri, para compreender. Se entendi direito, então tudo se complicou para todos, embora eu deseje que alguém me contradiga. De repente, acordamos e todos desapareceram. O mundo ruiu com uma rapidez... Você lê um livro como *Revisão Crítica do Cinema Brasileiro*, do Glauber Rocha, e vê que aquele momento de discussão não existe mais.



O diretor Pier Paolo Pasolini já vira, em 1974, a decadência da Itália, a meu ver muito pior que a do Brasil. Porque no Brasil ainda existe um movimento, por conta da desgraça social, que pelo menos obriga as pessoas a uma luta maior. Não se pode comprar o peru, comer e esquecer o resto no Brasil: aqui, as condições são tão dramáticas que isso se torna impossível. Na Itália, vou ver o Lazio jogar, depois devoro uma pizza, durmo, na segunda-feira vou ao Seguro Social e está feito. Na Itália, você é um desempregado, mas tem ajuda ali e aqui, não vê o problema que de fato existe e nos assombra. A gente precisa tentar entender o que há. Eu estou tentando, estou escrevendo meus filmes, vou filmar *Boleiros 2*.

O problema é que, a cada dia, você fica com menos interlocutores. Não há mais Fellini, Antonioni, os grandes cineastas, embora isso a gente entenda. Mas aquele público, onde está? Desapareceu o cineasta, mas também desapareceu o público. Na Itália aconteceu o mesmo. Não adianta fazer um filme político lá, por exemplo. Essa temática saiu do cardápio mental do italiano médio, embora antes existisse. Nisso não se fala mais. Estou muito curioso para chegar ao fim do *Império* do Negri, porque lá ele parece ter uma receita do que fazer. Uma coisa é falar que existe esse império diagnosticado, não uma dominação política como a americana, mas uma mentalidade que sufoca. Quero chegar ao receituário, às formas de se defender disso tudo.



Nós vamos virar todos poetas. Todos vamos trabalhar nos subterrâneos da sociedade, todos como o poeta Roberto Piva, o meu amigo Piva, enquanto a onisciência permanecerá. Haverá sempre os homens da Renascença que não ignorarão qualquer assunto, de futebol e neocubismo a Dmitri Shostakovich. O que diria o crítico Sergio Milliet disso? Todos acabaremos nos subterrâneos. Eu mesmo decidi que continuarei marginal, até que algo me prove uma possibilidade contrária. Por exemplo, desde *Sábado* não compareço a festivais de cinema. Não faz sentido.

Lembro-me que foi Gramado quem me ligou pedindo aquele filme para concorrer na categoria roteiro. Mas não quiseram legendar o filme, mesmo estando presentes no júri cineastas italianos e espanhóis! Como um italiano ou um espanhol que não falassem português poderiam entender o que eu dizia? Como compreenderiam o roteiro que julgavam? Uma coisa absurda. Retirei o filme e nunca mais me chamaram para participar.



Pode parecer arrogante, mas não ponho mais meus filmes para concorrer em festivais brasileiros, embora possa exibi-los em sessões especiais, que são os locais adequados para eles. Já fui jurado de festival e sei que não posso esperar sensatez de um júri. Gastar três anos para fazer um filme e depender de um julgamento desses? Se um dia me chamarem para Cannes, eu vou, porque o filme será visto. Mas não bato mais a cabeça em Gramado, embora tenha ganhado seis prêmios lá em 1989, por *Festa*. Aliás, recebi 62 prêmios em publicidade - Cannes, Clio, Festival de Nova York, Festival Ibero-Americano, Anuário de Criação, este interessante, porque partido de quem conhece o meu trabalho - sempre inscritos por iniciativa das agências. Me dizem que esta atitude de esquecer os festivais desanima os atores, normalmente apreciadores dos prêmios. Mas eu já os aviso com antecedência dessa condição, para que saibam a que se arriscam fazendo um filme meu. Nenhum festival leva um único espectador a mais para o filme.



Aconselhei o Carlos Reichenbach, com 12 longas-metragens nas costas, a não colocar *Garo-*

*tas do ABC* em disputa no Festival de Cinema de Brasília em 2003, mas ele não me ouviu. Não tolero festivais, embora pense eu mesmo em criar um prêmio, o Isabel de Castela de Ouro, ao qual só possam concorrer as produtoras estabelecidas na rua Isabel de Castela, onde estão a minha SP Filmes e a do diretor Alain Fresnot. Concorremos nós dois, Fresnot e eu, mas eu ganho todos os prêmios. Com tantas estatuetas na mão, vou me sentir como o vencedor do Festival de Cinema de Camboriú.



Vi na televisão outro dia uma entrevista muito bonita do marido da Fernanda Montenegro, o Fernando Torres. Ele dizia: *"Passei minha vida toda indo ao banco, o gerente me servia um cafezinho, eu renovava o papagaio, ele me dava dinheiro para fazer outra peça. A peça dava dinheiro, eu pagava os dois papagaios e quando tinha um fracasso, ele segurava. Criei meus filhos numa boa assim, não vivi mal. A gente viveu o tempo todo fazendo isso.*
*Mas era outro mundo. Você entra num banco hoje e nem sabe com quem fala."*

Veja o que aconteceu comigo. *O Boleiros* veio em um momento muito interessante de melhora da Lei do Audiovisual, a lei federal de incentivo à cultura, que oferece aos investidores isenção fiscal. Vivi facilidades de industriais sem qualquer resistência ao cinema. O tema, eu supus com toda razão, podia ser abordado mais facilmente em relação ao empresário. A Brahma entrou nesse filme numa boa, na hora botou trezentos mil reais, à época do dólar quase um por um. Depois fiz *O Príncipe* e quase me correram atrás. Aliás, isso foi até objeto de uma carta minha. Eu mando umas cartas, já mandei no passado até para o ex-governador de São Paulo, o Luiz Antonio Fleury.



Quando captava recursos para *O Príncipe*, mandei minha mensagem a uma instituição. Eles responderam o seguinte sobre o material que eu enviara para avaliação: o filme não é adequado. E deram o motivo: *"Nossas agências de publicidade, as duas agências que nós temos, analisaram seu projeto e acharam que ele não é conveniente para o nosso produto, agradecemos e tal."*

Daí escrevi de volta: *"Em primeiro lugar, vocês talvez não saibam, eu sou publicitário também, e em uma de suas agências ninguém viu o filme. Talvez vocês tenham mandado para outra, mas em uma não foi, porque eu conheço as pessoas. Suponhamos que vocês tivessem mandado o roteiro do filme para as duas. O que vocês devem mandar para uma agência publicitária investigar são os seus comerciais, eles que devem ser adequados a seus produtos, para isso vocês têm agências. A Lei do Audiovisual serve para ver se vocês vão entrar num projeto que tem alguma significação cultural ou não. Se vocês não entenderam isso, leiam a lei. O projeto não precisa se identificar com o seu produto. Aliás, a Lei do Audiovisual impede isso, é uma ilegalidade fazer merchandising."* Daí pediram desculpas.



Nos anos 70, havia uma coisa no Brasil chamada polêmica, e era comum. Hoje, o que quer que você diga passa por ofensa pessoal. Nunca o campo foi tão bom para polemizar, no entanto ninguém faz nada parecido. A imprensa tem sua culpa. Ela não suscita a polêmica; quando faz algo neste campo, é uma devastação pura e simples. Na minha época, toda a burguesia paulista lia *O Estado de S. Paulo*. Eu lia também, e odiava, porque todo dia havia um editorial para derrubar o ex-presidente João Goulart. Mas, hoje, eu tenho um profundo respeito pelo senhor Júlio de Mesquita Filho. Ele estava arriscando o jornal dele. E se a "revolução" não desse certo? Depois, não deu, ele perdeu o jornal e foi para Buenos Aires, exilado. Ninguém sabia o que ia acontecer. Na época, eu não concordava com nada do que esse cara falava, mas ele era um homem. Me lembro de ter visto, num quartel da CPOR dos anos 60, o quadro com a foto de João Goulart encostada na parede, no chão. Brinquei com o capitão: *"A foto ainda está aí, não?"* E ele me respondeu: *"É isto mesmo, qualquer coisa, tiro daí e ponho na parede."* Hoje, o que o jornal faz é contemplar todo mundo. Tem Delfim Netto, tem fulano, tem sicrano. Antes, a concepção do jornal era formar, não só informar.



Todo mundo é tão bem educado, hoje em dia, nos jornais! Ficou uma confraria, essa pequena crosta de pessoas que gravita em torno da arte, do entretenimento, um grupo que se auto-comunica, que constrói vasos comunicantes de elogios. O surrealismo era uma quadrilha também, obviamente. Mas era uma quadrilha de combate ao resto. O André Breton passou para a porrada contra os anti-surrealistas. Hoje, o que você faz? Aquele de quem você não gosta você ignora, não tem a grandeza de atacá-lo, simplesmente não dá bola para ele. O caderno cultural não noticia certas coisas porque o caderno do outro jornal também não o faz. Isto é de uma mediocridade absoluta. Não há mais combate de idéias. Há os ungidos, de quem ninguém tem coragem de falar mal, por pior que seja o filme que fez.



Por isso tenho saudade do Pasolini, especialmente o genial Pasolini ensaísta. Ele já começava derrubando o que havia pela frente. Mas o Pasolini é produto de uma época, como o Glauber, felizmente, foi.

Estou com vontade de fazer um filme, protagonizado pelo Antonio Abujamra, no qual o diretor de uma revista cria dois editoriais de natureza extremamente polêmica, mas sem qualquer repercussão de público. Então, ele escreve um último editorial no qual declara estar esperando um asteróide bater na Terra ou o terrorista Osama Bin Laden se manifestar. Enquanto isso não acontecer, diz, ele não abrirá mais a boca, não redigirá uma linha. Depois dessa decisão, os jornalistas da revista passam a ignorá-lo. O dono da publicação não fala mais com ele. No final, ele vai trabalhar num posto de gasolina em Ubatuba.



Tenho esse argumento, mas não sei quando ou se vou dirigir. Pode ser muita pretensão minha escrever, aliás, mas creio que não é. Eu acho que a gente faz um grande serviço para a literatura ao deixá-la em sua glória. Não se deve estragar livro. Poucos conseguiram passar por um clássico e manter sua grandeza. O Luchino Visconti fez isso com *O Leopardo*. Mas Visconti é diferente porque é um grande artista nem um grande cineasta, um grande artista. Fora o Visconti, que aliás estragou *O Estrangeiro*, gosto de seu *Morte em Veneza*, quero dizer, os minutos iniciais do filme, quando o protagonista chega à cidade de barco. É muito difícil pegar um livro e a partir dele dirigir um grande filme. Na verdade, ao fazer isso você está simplesmente explorando o nome do escritor. Você coloca Clarice Lispector a seu lado e a obra está avalizada; quando se lê Clarice Lispector no letreiro, o filme é catapultado para uma determinada função. Mas ao plot desta escritora, ao entrecho, nem mesmo ela deu importância.

Vou lhe contar uma coisa. Eu toparia assumir o Ministério da Cultura numa ditadura. Baixaria meu decretinho: está proibida em todo o território nacional qualquer adaptação cinematográfica das obras de João Guimarães Rosa, mesmo que os descendentes a admitam.



Pena de cadeia inafiançável. Será que não se vê que o homem não é - não é que não dá - "não é" para filmar? Para que mexer nele? Para dizer que você filmou Guimarães Rosa? Para dizer que você é um sujeito que leu? Ler é para você, na sua casa. Até *Os Irmãos Dagobé*, posso admitir que dá para filmar, um John Ford o faria. Mas nada mais. Ninguém mais.

## Capítulo VIII
## Pessoas e Personagens

### 1. O Rei da Boca

Eu já ouvira falar desse célebre marginal da Boca do Lixo quando, em 1973, todos os delegados que procurei durante a pesquisa para *Campos Elíseos* me indicaram o nome de Joaquim Pereira da Costa. Ele era a pessoa capaz de contar as melhores histórias, ele que fora o Rei da Boca, e proclamava o fim dela. Fiquei tão impressionado com o testemunho de Quinzinho, com a maneira engraçada de ele falar, de colocar as coisas, que o levei como referência para mim por muitos anos e alguns filmes - *Jogo Duro*, *Festa*, todos fazem uma menção secreta a ele. Eu gosto dessa vida marginal. Uma parte de mim é cafajeste. Esses ambientes de sinuca... Vagabundo não pensa em nada, eu acho legal.



Em 1982, depois de ter filmado *Quebrando a Cara*, em que ele dava seu depoimento sobre o amigo Zumbanão, levei o Quinzinho para o

Assobradado do Teatro Brasileiro de Comédia, o TBC. *Humor Bandido* foi a única coisa que fiz em teatro, e achei essa uma experiência maravilhosa, talvez a melhor por que tenha passado em toda a minha vida profissional. Ficamos lá por três meses, de quinta a domingo, uma média de oitenta pessoas por espetáculo. O cenário era composto de mesinhas de bar cedidas pela Cerveja Antárctica e uma outra mesa, de sinuca. O Quinzinho ficava sentado em uma das mesinhas, sobre elas guardanapos, contando histórias para o personagem de Renato Consorte, numa simulação de conversa de bar. A peça era a conversa. Nos intervalos, o jogador Praça encarava a sinuca numa demonstração para o público.



Nunca ensaiávamos nada. Eu dizia para o Quinzinho falar o que lhe viesse à cabeça. Antes, porém, ele precisava dar uma linha geral do texto para o Renato, um grande ator intuitivo, para que pudesse se contrapor à fala do Quinzinho. Não tenho muita técnica para teatro, acho que ele exige outra direção, mas resolvi fazer este espetáculo mesmo assim, em razão do personagem. Um filme em que o Quinzinho atuasse não parecia possível: ele era ele, e só, e bastava.

*Quinzinho, numa de suas inúmeras prisões*

Combinei com o Renato esse seu papel de contraponto. E ele apareceu inteiramente bêbado na estréia, embora não fosse fácil para um espectador perceber isso. O Renato reclamava demais do Quinzinho. Eles combinavam o que dizer antes. *"Vai contar o quê hoje, Quinzinho?"*, perguntava. E ele: *"Aquele negócio da pomba"*, numa referência à pomba amestrada que eles usavam para levar coisas do presídio. Mas, na hora, o Quinzinho não contava nada disso. Improvisava e muitos espectadores interagiam. Ele conversava com o público. E o Renato ficava puto.



Quinzinho teve uma vida trágica, vinte e dois anos passados dentro da cadeia, se você contar todas as saídas e entradas. Ele trabalhava na cozinha, o posto mais alto dentro do presídio. *"Só do seu tamanho para trabalhar na cozinha!"*, eu dizia. Ele não era muito alto, era forte. Alegre, mas quando fechava a cara a coisa complicava. Todos os delegados gostavam dele. Terminava o espetáculo e sempre um aparecia para cumprimentar. *"Olha você que me prendeu!"*, ele dizia. *"Aquela cana que você me deu, lembra?"* Abraçava o sujeito e eu rolava de dar risada. De vez em quando, identificava alguém da platéia: *"Olha o Neiva! O Neiva!"* Pegava o refletor e punha na cara do sujeito, para depois dizer: *"O Neiva, um dos maiores traficantes da Boca! Tá aqui!"* O cara queria se suicidar. *"Pô, maior ladrão!"* E a polícia lá, assistindo.

Uma vez me ligaram do teatro dizendo que ele tinha partido para a porrada com o guardador de carros. O menino saíra correndo pela rua. Fui até o Quinzinho e falei: *"Por que você fez isso? Você é o ator! Saiu correndo atrás do cara?"* Veio a explicação: *"Ele fica entrando e saindo da sala a toda hora, pensa que aqui é a casa da sogra! Chega no fim da peça e fica sentado, olhando. Cara folgado."* Aconteceu que, no meio do espetáculo, ele chamou a atenção do guardador de carros pela primeira vez, não queria que ele ficasse novamente na platéia. Quem estava assistindo à peça achou que aquela era uma fala do espetáculo. O guardador de carros não reagia. *"Não tô brincando não, hein? Se você não sair, vou te pegar"*, ameaçou. Mas o sujeito não acreditou. As pessoas continuaram assistindo a isso. Daí ele decidiu levantar e sair correndo atrás do menino. O Quinzinho era tão crítico, tão engraçado, que contou tudo isso sério: *"O cara não acreditou! Saiu correndo e fui atrás dele."* Depois, parou um pouco e considerou: *"Pô, se ele vira para trás e me encara, me quebra a cara."* O menino tinha 25 anos e ele, 64.



Quando acabou a temporada, o Quinzinho me disse: *"Foi a melhor coisa que fiz na vida. Você me colocou no teatro!"* Fiquei muito feliz de ouvir isso. Ele se chateou de parar com a peça. E eu disse: *"Não se preocupe, você fez bonito."* O Rei da Boca! Na época, em 28 de março de 1982, o jornal *Folha de S. Paulo* fez uma matéria de domingo, assinada por Mário Chimanovitch, que dava o tom do nosso encontro, e da trajetória do Quinzinho, intitulada *"Com Quinzinho, a Boca do Lixo vai para o palco"*:

"Um dia vieram avisá-lo de que seu nome estava constando da lista do Esquadrão da Morte.

Aconselharam-no que fugisse, pois, se marcasse bobeira, dançaria, acabaria virando presunto. Mas fugir para onde? Eram tempos difíceis, não havia muito dinheiro e muito menos amigos confiáveis. Ele não teve dúvida: tomou um táxi correndo e foi ao Fórum Criminal, na praça João Mendes. Pediu para ver o juiz imediatamente. Conseguiu ser recebido pelo homem da capa preta e foi inquisitivo: *"Doutor, que história é essa? A Justiça anda ou não anda? Estou com uns dez processos aqui nesta Vara e ninguém vem me procurar? Excelência, faça-me o favor de decretar a minha preventiva, pois estou muito cansado e quero tirar umas férias na cadeia..."*



O juiz entendeu logo e decretou a sua prisão preventiva. No dia seguinte ele estava recolhido à segurança de uma cela - segurança confortável, ele diz - na Casa de Detenção. Foi assim que escapou à execução sumária pelas armas do esquadrão, sorte enfim que não tiveram muitos e muitos de seus companheiros. Esses acabaram virando presunto em ribanceiras e estradas ermas da Grande São Paulo...

Essa e muitas outras histórias, às vezes trágicas, às vezes engraçadas, às vezes também sinistras, são contadas por um homem que as viveu e testemunhou. Agora, além de contá-las, ele vai também representá-las numa peça que estréia no começo mês que vem no TBC. Joaquim Pereira da Costa, o outrora famigerado Quinzinho, indiscutível Rei da Boca do Lixo, o terreno proibido que se estende dos limites da Estação da Luz até as avenidas Rio Branco, São João e Ipiranga, vai provar, aos 64 anos de idade, 22 dos quais confinado nas prisões paulistas, o que sempre foi: um ator nato, dotado de um potencial extraordinário. (...)



A peça, que se constitui essencialmente em monólogos de Quinzinho, uma discussão direta, íntima e sem rodeios com o público, é dirigida por um homem que não teve qualquer experiência de teatro. É publicitário e, como confessa, simplesmente entusiasmou-se pelo personagem e sua história: *"Aí resolvemos arriscar, bancar o Quinzinho, que é, além de tudo o que se diga dele, de bom ou de mal, um artista extraordiná-*

*rio. De mais a mais, justamente por ser extraordinário, não tem de ser dirigido rigidamente, na definição clássica do termo. Ele é o dono do espetáculo, e o palco é seu."* (...)

*"A coisa se resume mais ou menos no seguinte"*, explica Quinzinho. *"Projeta-se uma foto do Hiroito Joanides, do China, do Mamamá ou de quem quer que seja, aí eu começo a falar no camarada, na vida dele, como o conheci. O lado folclórico da Boca, ah, a Boca... Hoje só tem pilantra e pé-de-chinelo no pedaço. Os bons morreram, estão presos ou simplesmente se regeneraram."*

Fala mansa, gíria pura, ininteligível ao leigo ou trouxa, como ele diz, corpo elástico, apesar das seis décadas vividas, cheio de trejeitos, Quinzinho é arte pura de representação. Começa a contar um caso passado no interior da penitenciária, esse envolve detalhes mais ou menos escabrososos. Dá-se conta de que uma mulher assiste à encenação:

*"Ugo, por que você não avisou que tinha rabo de saia no escuro, meu irmão? Tá a fim de fazer uma crocodilagem comigo? Olha, já tô com vergonha. Vai ter muita mulher na platéia? Como é que eu vou contar os casos mais cabeludos?"* Ugo Giorgetti, o diretor, ri e diz a Quinzinho que vá em frente, pois as mulheres de hoje estão muito liberadas e não ligam para palavrão. Afinal, insiste o diretor, arte é arte. Quinzinho escuta-o cético. Lança umas miradas, daquelas de cafiola nervoso, à moça da platéia, e replica ao diretor: *"Ugo, Uguinho, você tem certeza? Olha que no meu tempo homem não falava palavrão na frente de mulher, não. Até bandido, que era bandido, respeitava..."* Depois, dirige-se à moça: *"A senhorita está certa de que não vou ofender os seus ouvidos?"* A moça faz que não com a cabeça e ele prossegue. Relata dessa vez o caso de um intelectual de cadeia, o professor Malepense, que costumava falar difícil, numa linguagem quase castiça, daquelas que vagabundo não entende:



*"Um dia o professor tinha uma diferença com outro preso perigoso, e resolveu acabar com ele.*

*Entrou na cela onde se encontrava o tal bandidão e dirigiu-se aos presentes: 'Os senhores querem fazer a gentileza de abandonarem o recinto porque eu vou matá-lo?' Os vagabundos caíram na gargalhada: onde já se viu pedir licença para matar alguém, ainda mais com aquele matá-lo? (pronuncia a palavra de maneira bastante afetada). Olha, bandido quando quer matar alguém, mata na frente de todo mundo. Não tá nem aí..."*

Conta depois a história de Zé Pequeno, um *"negão grandão"*, de quase dois metros de altura, assaltante, que gostava de cadeia: *"Ele não sabia viver aqui fora. Mal era colocado em liberdade, arranjava um jeito de voltar. Na última volta foi parar no pavilhão 5 da Casa de Detenção, a Xuelândia, onde ficam os tuberculosos. Lá a coisa é boa, porque a ração é na base de ovos, aveia, marmelada, maçanzinha e o escambau. A maior moleza da paróquia, meu irmão. Mas ele era um sujeito perigoso, violentíssimo, matava por um nadinha. Os outros presos, temerosos, resolveram fazer um xaveco para se livrar dele. Arranjaram uma folha de papel e lhe disseram que ele havia sido nomeado presidente do pavilhão 5 e que precisava assinar o documento de posse. O Zé, que era meio matusquela, assinou. Acontece que o papel foi datilografado e se constituía numa petição ao juiz-corregedor na qual o Zé requeria a sua liberdade condicional. Afinal, ele estava condenado a doze anos e já havia cumprido mais de um terço da pena. O juiz concedeu e no dia em que vieram buscar o Zé para libertá-lo ele esbravejou: 'Foram vocês que aprontaram essa, mas pode deixar que eu volto.' E chorava, não emocionado com a liberdade, bem entendido."*



Quinzinho insiste em que é hoje um homem totalmente regenerado, que quer viver tranquilamente, sem problemas com a lei. *"Olha, irmãozinho, a cruz que Cristo carregou era de isopor, se comparada com a minha. Pra mim chega. Tô devagar, quase parando. E quando essa meninada nova aí vem me procurar para papo, eu vou logo aconselhando: crime não dá camisa a ninguém, não compensa."*

Uma curiosidade do espetáculo era a apresentação do Praça no intervalo. O Praça era um jogador se sinuca barroco, não era objetivo. Eu falei: *"Praça, tenho só um cachê, não tenho grana para lhe pagar."* E ele falou o seguinte: *"Eu faço com cachê, mas você me deixa desafiar as pessoas?"* Disse que sim. A idéia dele era fazer desafios grandes, já que na platéia havia uns publicitários... Uma vez, eu estava com ele depois do espetáculo e ele me perguntou: *"Escuta, vamos fazer uma?"* E eu respondi: *"Não vou fazer nenhuma."* E ele começou a me dar vantagens: *"Dou vinte na três. Trinta. Quarenta!"* Uma hora eu disse: *"Escuta, Praça, por que você está me dando tanta vantagem? Você já me viu jogar?"* Ele falou: *"Não."* E eu: *"Então, por que você me dá uma vantagem dessas? Quarenta na três?"* E ele: *"É o seguinte. O que você faz na vida? Você não é publicitário?"* Eu disse: *"Sou."* E ele: *"Pois eu sou um homem de sinuca. Eu não posso perder. Eu não sei como você joga, mas eu vou ganhar de você. Preciso levar dinheiro para casa. Vivo disso, não vou perder. E só estou falando isso agora porque você não vai mesmo jogar."*

Em torno do Quinzinho gravitavam pessoas interessantes, como o Humberto, também presidiário da Casa de Detenção. Quando ele foi libertado, aos 80 anos, já não tinha para onde ir. Ficou vagando, voltou para a Detenção e disse: *"Escuta, vou dormir aqui."* Depois de uma reforma no presídio, entre uma muralha e outra, restou uma cabana onde o pedreiro guardava ferramentas, e o ex-presidiário foi autorizado a dormir no lugar. O diretor da Casa de Detenção servia comida para ele lá. De manhã, ele levantava e ficava circulando por todos os pátios, o 9, o 11. Esta era uma coisa terminantemente proibida de um preso fazer, imagine um ex-preso. Ao meio-dia, ia para a casinha, comia, voltava aos pavilhões e ia dormir. Ele era tão popular que o irmão, ainda morador de Santana, ia visitá-lo de vez em quando. O irmão furava a fila dos visitantes e ele descia, uma figura inacreditável. Era tão engraçado e espirituoso quanto o Quinzinho. Mais velho que ele, também negro, lutava boxe. Eu o convidei para participar da peça, mas ele não aceitou: *"O Quinzinho vai me esculhambar."* Eu falava: *"Não vai!"*

O Quinzinho não resistia a uma piada. Mas o cara garantia: *"Não, eu conheço ele..."* Estava quase se convencendo do contrário quando o Quinzinho lhe disse: *"Ô Lu, nós briguemos duas vezes. Eu sou bi."* A reação foi rápida: *"Pronto! Não vou."* Lembrei ao Quinzinho: *"Pô, velhinho, você falou que não ia falar..."* E ele: *"Puta, não resisti."*

Quando eu entrevistei o Quinzinho na Casa de Detenção, o Humberto também estava preso com ele. Durante o depoimento, o Quinzinho não queria ninguém perto. Imagine uma população imensa ouvindo a história dele, uns duzentos presos! Mas o Humberto ficou porque o próprio Quinzinho pediu. Quieto. Dava uma risada ou outra. Ele tinha sacadas iguais às do amigo. Uma vez, ele foi preso com maconha na praça Princesa Isabel, por uns policiais, "praças", com cavalos que faziam a ronda, a maior humilhação. Foi para a delegacia e o delegado falou: *"Como você foi preso por esses caras?"* E ele: *"Doutor, os cavalo tavam vestindo quedes Montreal, eu não vi nada."*

Numa ocasião, fiz uma sessão especial de *Quebrando a Cara* na sala de projeção da LynxFilm com a presença do Roberto Santos. O Roberto viu o filme, levantou, não disse uma palavra. Saiu da sala e foi embora. No dia seguinte, chego na LynxFilm e a telefonista me diz: *"O Roberto deixou uma carta para você."* Perdi a carta, você acredita? Ele havia me deixado um texto de cinco páginas falando sobre o filme. Era um cara muito generoso, fiquei muito feliz. Dizia que *Quebrando a Cara* era um poema sobre a cidade. É engraçado, mas antigamente bastava uma carta do Roberto Santos para justificar um filme.



Entre os diretores que conheci, Roberto Santos era um amigo, um cara bacana. Como tinha visão de vida mais ampla, não desenvolveu preconceito contra a publicidade, tanto que foi um dos primeiros sócios da LynxFilm. É verdade que ele saiu logo depois. O Roberto como sócio de uma produtora não dava certo, porque a cabeça dele não era de negócios. Mas continuou dirigindo comerciais. Então ele vivia na LynxFilm. No bar. Ao lado da LynxFilm tinha um.

Trata-se de um dos equipamentos fundamentais para este ofício, como para o futebol: é o bar que faz o cinema. Para lá vão os técnicos discutir os planos, a luz. O Roberto ficava muito naquele bar e lá a gente conversava sobre o assunto. Era um cara que quando bebia demais se tornava muito inconveniente e agressivo com qualquer um, principalmente com os amigos. Mas, em geral, ele era uma maraviha. Quando começava a aborrecer todo mundo naquelas situações, a gente o levava para casa, na rua Brigadeiro Luis Antônio, perto do hotel Danúbio.



Ele era mais ligado à produtora do que eu, porque já se tornara conhecido como diretor. Fazia muitos comerciais, e ficavam falando para ele: *"Você trabalha com esses imperialistas?"* Ele respondia: *"Como qualquer empregado da Volkswagen! Qual é a minha alternativa? Tem algum Estado brasileiro socialista? Vou trabalhar lá, então."* O Roberto Santos foi um injustiçado, uma vítima da época. Fez coisas diferentes, como *Anjo Mau* e *O Homem Nu*, um diretor importantíssimo. E nos incentivava a continuar no cinema.

O Denoy de Oliveira sempre estava conosco, mas era muito diferente de Roberto Santos, o seu inverso. Trabalhava no limite da precariedade, fez *Amante Muito Louca* com o Claudio Corrêa e Castro e a Tereza Raquel, ela sendo a realmente maluca. O filme era ópera, uma coisa estranha, nada normal. Ele era mal de vida pra caramba, então decidimos ajudá-lo a ganhar algum dinheiro e agendamos uma reunião na Ford, para que realizasse filmes comerciais na multinacional. Quando soube que a reunião seria na empresa, disse: *"Onde? Ford?"* Ele havia entendido que faria um documentário, não um comercial. E então decretou: *"Para a Ford, não vou fazer."* E não fez. Ele era do Partido Comunista, um cara sensacional, de muita generosidade. Ultimamente estava bem mais dócil. Mas sempre foi uma figura humana muito interessante. Podia ter um publicitário diante dele, podia ter quem fosse, se fosse um cara legal, tratava bem. Sinto muita falta dele, mais até que do Roberto Santos.

Outro cara de quem gostava muito nessa minha primeira época dentro do cinema era o Chick Fowle, o fotógrafo de *O Cangaceiro*, que era diretor técnico da LynxFilm, uma produtora formada por ex-profissionais dos estúdios Vera Cruz. Com ele, minha relação era diferente, baseada no interesse pela técnica dentro do cinema. Ele estudava fibras ópticas, sabia de lentes... Nascera na Inglaterra mas se dizia brasileiro, e corintiano. O Roberto Santos tem um belo documentário de mais de 20 minutos sobre o Chick, porque também o adorava. No filme, ele fala do bar da Lynx. Numa época, um pessoal sugeriu fazer um festival em homenagem ao Chick Fowle, e eu até peguei uma câmera, entrevistei fotógrafos como o Walter Carvalho, aqui de São Paulo, e o Vanderlei Picapau, que dava um depoimento lindo no qual mostrava um fotômetro e dizia: *"Ele me deu, era dele!"* Mas o filme não saiu. Espero que ainda saia, um dia, que alguém se anime a promovê-lo.

O Chick Fowle era um filósofo do cinema e tinha histórias divertidas sobre ele. Contava, por exemplo, um episódio muito engraçado em torno do crítico de cinema Rubem Biáfora, que durante uma época quis ser o Ingmar Bergman brasileiro e procurava um lugar sueco no Brasil para filmar. O Rubem ficou quatro meses atrás dele para que achassem juntos o melhor canto. *"Não agüentava mais o Biáfora!"*, dizia o Chick. Foram até Campos Jordão, em São Paulo, e ao chegar ali, numa determinada região da estação de águas, o Rubem Biáfora gritou: *"Suécia!"* O Chick estava a seu lado: *"Sabe que eu olhei e vi uma coisa muito estranha mesmo, umas névoas? E também pensei: 'Isto aqui é a Suécia!'"* Mas o encanto não demorou muito, pelo menos para o Chick, porque ele olhou para trás e localizou o quê? Um bananal. Ficou paralisado: *"O que eu faço?"* O Biáfora continuava animado: *"Suécia! Suécia!"* E o Chick pensou assim: *"Se eu falar para o cara que tem um bananal atrás de nós ele vai procurar outra locação, e eu não agüento mais. Vai ser aqui mesmo."* E trabalhou assim: filmava o "plano Suécia" e, no contraplano, parava a filmagem por dez minutos, com aqueles refletores pesadíssimos, para cortar o bananal.

Embora soubesse muito de fotografia em cinema, o Chick era lentíssimo para filmar. E se deu mal quando veio para o Brasil o italiano Alfio Contini, autor, entre outros, da fotografia de *Zabriskie Point*, de Michelangelo Antonioni, e de O *Estrangeiro*, de Luchino Visconti. Quando veio filmar na Vera Cruz, ele era um jovem fotógrafo italiano, mas já um Alfio Contini. O Chick, que também trabalhava no estúdio, fazia quatro planos por dia, enquanto o Alfio, no mesmo dia, dezoito. Pois não é que o Chick, segundo ele mesmo me contou, foi espiar o copião do cara, uma coisa para lá de antiética? Ele disse que precisava fazer aquilo, porque achava o sujeito um picareta italiano completo. Mas quando viu o resultado filmado, ficou estupefato, havia qualidade imensa em tudo. E então decidiu, junto com outros fotógrafos, chegar nele para pedir: *"Dá uma maneirada aí!"* O Alfio baixou sua média para doze planos por dia.

E passamos às histórias em torno do Contini, que também são muitas, esta aqui envolvendo meu amigo que era câmera, o Adolfo Moreira. Os dois, naquela mesma Vera Cruz, foram fazer um primeiro plano. O diretor, não sei onde estava. E o Alfio olhava incrédulo para o Moreira: *"Você travou a câmera?"* Ele respondeu: *"Travei, claro, era o primeiro plano, fixo..."* E o Alfio não se conformou. *"Mas rapaz, travar a câmera! A câmera é uma mulher! Você tem de agarrá-la. Ela tem de sentir que tem um homem atrás dela e você, ouvi-la respirar... Não me trave a câmera!"* O Adolfo ficou vermelho e pensou: *"O cara tem razão."* Chick Fowle, então, embora excelente profissional, não era um Alfio Contini, uma promessa que se revelou um dos grandes nomes do cinema.



Outros fotógrafos passaram pelo Brasil e deixaram sua marca. O argentino Ricardo Aronovich, que fotografou *Os Fuzis*, de Ruy Guerra, *São Paulo S.A.*, de Luis Sergio Person, e *Providence*, entre outros filmes, revolucionou a fotografia em preto e branco no Brasil. Quando ele chegou aqui, perguntaram-lhe do que precisava para filmar. Ele respondeu: *"Dois guarda-chuvas e dois foto-flus (uma lâmpada branca quase comum). Pinta os guarda-chuvas de prateado. Põe o foto-flu dentro."* O resultado foi uma foto-grafia completamente diferente, quase sem contraluz. Vi os primeiros materiais que ele filmou, para publicidade mesmo, e eram sensacionais. Um dia, perguntaram para ele: *"Do que você vai precisar amanhã?" "Vou precisar de 150 foto-flus"*, respondeu. *"Como, 150?" "Quero um teto de foto-flu. E põe um plástico leitoso embaixo também."* Fizeram confome ele pediu. Aquilo bateu no chão, ficou uma luz única, você não sabia de onde vinha. Todo mundo aparecia mais ou menos iluminado na cena. Pegue por exemplo *Toda Donzela Tem Um Pai Que é Uma Fera*, de Roberto Farias. O filme é uma bobagem, mas o preto e branco do Aronovich... Ele não está no Brasil, infelizmente. Filma na Europa há trinta anos, está na França, depois de ter passado pela Espanha.



Quero convidá-lo para filmar comigo *Abaixo a Ditadura!* (ou *O Círculo de Giz Caucasiano*), que será em preto e branco, fotografia que já usei em publicidade. Eu acho até mais fácil fazer assim, especialmente no caso deste filme. Ele vê o regime militar brasileiro por meio da classe teatral da época, que tentava de forma divertida mostrar seu Brecht, sem conseguir. Sinto saudade: o preto e branco tem mais beleza, além de evocar uma coisa passada. O Brasil é mesmo um país peculiar. Tínhamos problemas sérios com revelação do filme em preto e branco e passamos para a cor sem resolver o problema com o PB. E, sem resolver o problema da cor, passamos para o vídeo. Ao mesmo tempo, abandonamos o Super 8 e o PB, como se fosse sofisticado trabalhar com eles. No PB, a textura é outra, a luz também, mas não há nenhuma impossibilidade em utilizá-lo.

## 3. Homens de verdade do cinema

Gosto de Michelangelo Antonioni, muito mesmo. Seu cinema é cerebral demais para mim, mas veja que maravilha o final de *Blow Up*! Às vezes este diretor fica um pouco fascinado pela técnica, embora isso não o prejudique (é Antonioni fazendo isso, não um deslumbrado qualquer). Ele levou onze dias para filmar uma sequência de *Profissão Repórter* que hoje uma steady cam faz em dois minutos... O diretor italiano enlouquecia todo mundo. *O Eclipse*, *A Noite*, nossa, são filmes maravilhosos. Mas não é um cineasta sobre o qual eu diga: gostaria de ter feito esse filme que ele fez. Há sim pedaços de suas obras que são inesquecíveis para mim - a conversa em *A Noite*, com o amigo que está morrendo, por exemplo. É um grande e sério cineasta. Não sei de onde Wim Wenders tira essa aproximação com ele, mas deixa para lá.



Admiro enormemente Dino Risi, outro diretor italiano, mas subestimado pela crítica que não consegue ver o cinema como atividade múltipla, apenas observa aquilo de que gosta. O Antonioni tinha uma maneira de ver o cinema, outros desenvolveram modos diferentes de filmar. Não consigo fazer essas hierarquias. Por que Antonioni seria mais preparado que Dino Risi? É uma outra investigação da arte, um outro caminho que ele percorre. Gosto do Dino Risi porque coloca as pessoas falando um italiano que eu acho divertido e me agrada. E o Antonioni usa um italiano milanês que me aborrece um pouco. Espectador é uma coisa, diretor é outra. São tantos os cineastas bons!



*Em Nome do Povo Italiano* é um filme político, porém esquisito, do Risi, com Ugo Tognazzi e Vittorio Gassman como protagonistas. Tognazzi é um juiz comunista. E o Gassman, um grande industrial. O Tognazzi quer pegar o cara, persegue, persegue, persegue, mas não consegue prendê-lo em razão dos meandros da política italiana. O personagem de Gassman - um canalha, não há desculpa para ele - acaba se envolvendo num crime: sua amante aparece morta. O caso é que, pelo menos deste crime, ele está completamente inocente. E o personagem do Tognazzi vai presidir as investigações. O acusado se enreda. Eis que o juiz tem nas mãos a prova de que o Gassmann é inocente. O que faz, então? Pega a prova, um documento, dobra e guarda. Sai pelo tribunal, joga fora o papel e o filme acaba. Muito dúbio, muito bonito. Você espera uma comédia em razão dos protagonistas. Mas não tem comédia nenhuma no filme.

Por Luis Buñuel, tenho um grande carinho. Eu o considero um grande autor de comédias, sofisticadíssimas comédias. Num filme dele, um jansenista pode discutir com o oponente durante um duelo, gritando dogmas e argumentos teológicos reais. As pessoas querem ver os filmes de Buñuel a sério, mas não dá. Acompanhei pouquíssimo da fase mexicana dele, então não há muito o que eu possa dizer sobre ela. Mas o bonito neste diretor espanhol é que ele foi simplificando sua maneira de filmar cada vez mais... Veja *Esse Obscuro Objeto do Desejo*, feito no final de sua vida. Nos últimos filmes dele não há quase nada, a câmera está parada.

Há pessoas com quem eu tenho certeza de que me daria muito bem se conhecesse. O Buñuel é uma delas. Era uma figura muito particular, irreverente, de juventude eterna. Um cara exemplar, porque sobreviveu fiel ao surrealismo. Se você pensar num surrealista em 1927 e em 1942... Muita gente abandonou o caminho, mas ele não. Seus filmes finais são tão surrealistas como *O Cão Andaluz*. Um pouco menos, talvez, mas você só entende os últimos filmes se sabe que ele foi um surrealista, mais até do que André Breton. Vi um filme interessante do Carlos Saura sobre Salvador Dalí, Luis Buñuel e Federico García Lorca, *Buñuel y la Mesa del Rey Salomón*. Ali, a personalidade mais curiosa, mesmo em se tratando de ficção, era a do Buñuel, interpretado por Pere Arquillué.



Vi muita coisa de John Ford, tenho *Rastros de Ódio* em casa. De vez em quando, quando começo a achar que cinema é fácil, assisto ao filme. O final... É a essência do cinema. Vi uma entrevista com o fotógrafo dele, que dizia sobre o diretor que ele não tinha horas muito boas, não olhava freqüentemente pelo visor, dava só uma olhadinha... Mas ele era fora do normal. Ele e Akira Kurosawa colocaram a câmera em lugares inesperados que se tornaram absolutamente clássicos. Entre os americanos, gosto também do John Huston, por exemplo, de *Os Vivos e os Mortos*. Ele foi um dos poucos a adaptar bem um livro de James Joyce, embora no final faça literalmente isto: leia o livro. *O Tesouro de Sierra Madre* é magnífico. Ele era louco, porque propôs a Jean-Paul Sartre fazer um roteiro sobre a vida de Sigmund Freud em *Freud, Além da Alma*. O filme com Montgomery Clift saiu ótimo, assim como *Os Desajustados*. E a presença deste ator me faz lembrar Elia Kazan, que fez com ele *Rio Violento*. Kazan era um grande diretor. As pessoas acham que é fácil fazer cinema? Mas não é.



Há cineastas de que ninguém mais fala, como Joseph Losey, de *Armadilha a Sangue Frio* (*The Criminal*, 1960), requintadíssimo, cheio de claro-escuro. As pessoas se lembram de Akira Kurosawa quando fazem uma retrospectiva do cinema japonês, mas ninguém se lembra de

Valério Zurlini quando em questão está uma mostra de cinema italiano. Como pode? Também gosto muito de Roman Polanski, porque ele tem humor sempre. Ele não se detém. *Chinatown* e *O Bebê de Rosemary* são lições de direção. E Polanski é bom ator. Vi o filme de 2002 de Andrzej Wajda em que ele interpreta o personagem central Papkin. O filme é esquisito, muito polonês, uma história medieval rimada que deve ter um grande significado para quem vive no país, mas um pouco chata para quem está aqui. A presença de Polanski como intérprete em *Zemsta*, contudo, deixa o filme muito interessante.



De minha parte, nunca fui ator. Fiz um comercial uma vez e ficou muito ruim. Mas ninguém pôde reclamar. Eu avisei.

## Filmografia
## (E uma peça de teatro)

*Campos Elíseos* - 1973, São Paulo, SP
Cor, 12 minutos, 35mm. Documentário
Direção e roteiro: Ugo Giorgetti
Fotografia: Ronaldo Lucas e John Kiong
Assistentes de fotografia: Geraldo Bernardes Filho e Edson Jamil Pio
Montagem: Hélio Pedroso
Coordenação: Flash Serviços Fotográficos Ltda.
Som direto: Carlos Roberto de Barros
Música incidental: Paulo Vanzolini e Astor Piazzola
Narração: Humberto Marçal
Estúdio: Sonotec
Mixagem: Odil Fonobrasil S/A
Laboratório: Cine Laboratórios S/A
Produção: Pit Marinho de Azevedo, Hilquias de Oliveira e Joel de Queiroz
Companhia produtora: LynxFilm
Com a participação de Joaquim Pereira da Costa, o Quinzinho.
Primeiro filme do diretor, este documentário

investiga a formação e a decadência de Campos Elíseos, bairro concebido como reduto pioneiro da elegância paulistana e transformado, a partir dos anos 30, no cenário da criminalidade conhecido por Boca do Lixo. Em imagens daquela atualidade, o diretor fixa a arquitetura dos casarões do baronato do café e exibe em fotos a prosperidade das famílias que habitaram ali no passado, muitas delas arruinadas depois da crise econômica mundial de 1929. O documentário exibe pela primeira vez o depoimento cinematográfico de Joaquim Pereira da Costa, o Quinzinho, malandro que fora conhecido como Rei da Boca e que naquele momento se encontrava preso na Casa de Detenção. De maneira histórica, Quinzinho decreta em *Campos Elíseos* que também ela, a Boca, chegara ao fim.



***Edifício Martinelli*** - 1975, São Paulo, SP
Cor, 22 minutos, 16mm. Documentário
Direção e roteiro: Ugo Giorgetti
Fotografia e câmera: Rodolfo Sanchez
Assistentes de fotografia: Michael C. Ford e Esmeraldo C. de Camargo.

Montagem: Tercio C. Mota.
Assistente de montagem: José Santana
Som: Marcelo de A. Kujawski e José A. Mota
Música: Mauro Giorgetti
Sonorização: Julio Carone Ltda. e Film Som Ltda.
Direção de produção: Rosa Jonas
Produção: Luís Henrique M. de Azevedo
Companhia produtora: Espiral
Com a participação de Italo Martinelli.

*As pessoas não vêm aqui para morrer, vêm para se suicidar*, diz o zelador do edifício Martinelli durante o processo de retirada de famílias e de comerciantes que o ocupavam ilegalmente, em 1975. Giorgetti filmou o processo da desocupação neste documentário em 16 mm e conversou com os personagens: o homem que criava passarinhos numa sala; o relojoeiro que fazia um negócio sério, ensinar o ofício à noite; o alfaiate sem palavras; a freqüentadora de um dos "bares" dentro do prédio; o dono da escola de detetives; o produtor da Oriente, que fazia filmes de baixíssimo orçamento; o comerciante que julgava essencial a polícia expulsar os moradores, não os comerciantes, do lugar; as mulheres sozinhas com seus filhos, que não podiam pagar aluguel e, dali, não tinham para onde ir; o menino que dançava capoeira. A fala dos personagens se sucede à descrição do projeto de construção do prédio de 105 m pelo engenheiro Giuseppe Martinelli. Fotos e narração explicam como ele se viu obrigado a entregar o edifício ao governo brasileiro em 1945 como dívida de guerra, já que fora ativo parceiro da Itália de Benito Mussolini. Em depoimento, o engenheiro-responsável pela construção, Italo Martinelli, conta que Giuseppe tinha idéia do que fazer na fachada do edifício, mas nunca imaginou para que serviria seu interior.



***Quebrando a Cara*** - 1983, São Paulo, SP
Cor, 16mm, 74 min. Documentário
Direção e roteiro: Ugo Giorgetti
Apresentação: Rubem Sampaio e Hamilton Fernandes
Produção executiva: Rosa Jonas
Produção: Ugo Giorgetti, Alceu Teixeira e Antonio Garcia
Fotografia: Rodolfo Sanchez, Jorge Pfister, Lucio

Kdato e Ronald Lucas
Som direto: Gabriel Carlos Gomes, Vicente Paulo de Souza e Sidney Paiva Lopes
Foto still: Maria Isabel Giorgetti
Música: Mauro Giorgetti
Montagem: Luis Elias
Montagem Adicional: Helio Pedroso
Assistentes de câmera: Michael Ford e Osmar Mazolla
Eletricista: Esmeraldo Camargo
Assistente de montagem: José Santana
Montagem de negativo: Celso dos Santos.
Trucagem: Truca Ltda
Serviço de Laboratório: João Nacif
Som: Estúdio Eldorado Álamo
Com as participações de Eder Jofre e de Joaquim Pereira da Costa, o Quinzinho, além dos integrantes da família Zumbano Waldemar, Tonico (em foto), Ralph, Ricardo, Olga, Angelina, Kid Jofre (foto), Cláudio Jofre Tonelli, Lucrécia, Mauro, Dogalberto (foto), Silvano e Eder Cláudio. Narração: Flávio Araújo, Pedro Luiz, Walter Abrão e Eli Coimbra
Prêmios: Melhor montagem (Luis Elias), 19° Festival de Brasília do Cinema Brasileiro, DF, 1986.

O diretor Roberto Santos disse deste filme que era um poema sobre a cidade. A carreira do bicampeão mundial de boxe Eder Jofre vem aqui apresentada por meio de sua família de lutadores, do pai Kid Jofre a Zumbanão, o Rei da Noite, amigo do malandro Quinzinho na Boca do Lixo paulistana. Eder Jofre diz ao diretor Ugo Giorgetti, que o entrevista, que não deseja ver sua vida apresentada como "cinema" quer apenas "a realidade". E a realidade de Eder é mostrada no documentário desde a infância do pugilista no Parque Peruche, zona norte da capital, até as lutas contra Joe Medel, Eloy Sanchez e Johnny Caldwell, mostradas em filmes antigos cuja narração foi aqui adicio-nada posteriormente. Giorgetti parou o longa por quatro anos em busca de imagens de célebre embate do pugilista contra o japonês Masahiko Harada, perdido pelo brasileiro. Encontrou 30 segundos da luta na TV Record, e no filme aplicou-lhes a perfeita narração de Pedro Luiz, gravada pela Rádio Jovem Pan. Para Giorgetti, o filme é uma contrafacção brasileira de *Rocco e seus Irmãos*, um retrato do pugilista por meio de sua "caudalosamente interessante" família e de sua cidade.

***Jogo Duro*** - 1986, São Paulo, SP
Cor, 35mm, 86 minutos. Gênero: ficção
Direção e roteiro: Ugo Giorgetti
Assistente de direção: Georges Walford
Direção de produção: Newton Mello
Produção: Elifas Sueiro e Oswaldo Zanetti Filho.
Produtor associado: Raul Rocha
Fotografia: Pedro Pablo Lazzarini
Câmera: Jorge Pfister
Assistente de câmera: Antônio França
Segundo assistente: Paulo dos Santos
Cenografia e direção de arte: Maria Isabel Giorgetti
Som direto: Miguel Ângelo dos Santos Costa.
Montagem: Paulo Mattos Souza
Assistente de montagem: Maria Cristina Amaral.
Música: Mauro Giorgetti
Casting: Níssia Garcia
Continuidade: Luiz Furlanetto
Maquiagem: Jorge Pisani
Cabelo: Luiz Alberto Chialastri
Chefe de eletricista: Ulisses Eleutério Malta
Eletricistas: Claudinir Cardoso e Paulo Fraga.
Microfonista: Moacir Rocha da Silva

Transcrição de som: Marcelo Valle Machado
Assistente de montagem: Maria Cristina Amaral.
Vozes de rádio: Ciro Jatene
Mixagem: José Luiz Sasso - Estúdio de mixagem: Álamo - Laboratório: Líder Cinematográfica
Companhia produtora: Luar Produções Cinematográficas - Distribuição: JZ TV e Cinema
Gravação: Matrix
Elenco: Cininha de Paula, Jesse James, Carlos Augusto Carvalho, Valéria de Andrade e Carlos Costa; participações especiais de Antônio Fagundes, Cleyde Yaconis, Paulo Betti, Eliane Giardini, Luiz Guilherme, Carlos Meceni, Paulo Ivo, Verônica Teijido, Luis Furlanetto, Walter de Andrade, Umberto José Magnani, Isabel Teixeira, Carlos Lourenço de Carvalho, Celso Rorato, Abílio de Barros, Márcio Araújo, Rogério Neves, Marco Zulian, Ibkahin El Owa, Guido Maroni e Cássio Giorgetti
Prêmios: Melhor técnico de som (Miguel Ângelo dos Santos Costa), Menção especial ao diretor Ugo Giorgetti pelo argumento do filme, 18º Festival de Brasília do Cinema Brasileiro, DF, 1985; Melhor ator (Jesse James e Carlos Augusto

Carvalho), Atriz (Cininha de Paula), Atriz Coadjuvante (Valéria de Andrade), 1° Festival de Fortaleza do Cinema Brasileiro, CE, 1985.
Trio vive paixões e desencontros em uma casa abandonada à venda no bairro Pacaembu, em São Paulo. O filme é centrado na figura de uma mulher (Cininha de Paula) que, em busca de sobreviver ao lado da filha, vê-se atirada a dois homens, um corretor (Jesse James) e um vigia (Carlos Augusto Carvalho). O filme é uma tentativa de focalizar no lumpensinato urbano o amor a três consagrado em obras européias como *Jules e Jim*, de François Truffaut. Nada cultos, os personagens se enredam na vizinhança burguesa, representada aqui pela senhora que come bananas (Cleide Yaconis) e pelo casal (Paulo Betti e Eliane Giardini) que visita o imóvel com o objetivo de comprá-lo por sugestão do esperto corretor (Antônio Fagundes).



***Festa*** - 1989, São Paulo, SP
Cor, 87 minutos, 35 mm. Gênero: ficção
Direção e roteiro: Ugo Giorgetti
Assistente de direção: Ricardo Dias

Produção executiva: Nello de Rossi e Quelita Moreno
Direção de produção: Roberto Bianchi
Direção de arte e cenografia: Maria Isabel Giorgetti
Direção de fotografia: Rodolfo Sanchez
Câmera: Felipe D'Ávila
Montagem: Marc de Rossi
Música: Mauro Giorgetti e Décio Cascapera Filho - Continuidade: Inês Mullin
Casting: Níssia Garcia, Aimar Labaki, Harry Finger

Som direto: Miguel Ângelo dos Santos Costa.
Edição de som: Miriam Biderman e Elisa Palley.
Figurino: Nazaré Amaral
Still: Airton Magalhães
Produção: Nello de Rossi e Ugo Giorgetti. Companhias produtoras: NDR Filmes, La Luna Filmes, Quanta Filmes e Embrafilme. Distribuição: Embrafilme
Elenco: Antônio Abujamra, Adriano Stuart, Jorge Mautner, Iara Jamra, Otávio Augusto; participações especiais de Ney Latorraca, Patrícia Pillar, Lala Deheinzelin, Pablo Moret, José

Lewgoy, Ary França, Suzana Lakatos, Marcelo Mansfield

Prêmios: Melhor Filme, Ator (Antônio Abujamra e Adriano Stuart), Roteiro, Figurino (Nazaré Amaral) e Edição de Som (Miriam Biderman e Elisa Palley), tanto pela crítica quanto pelo júri oficial, Festival de Gramado, 1989; Melhor Direção, Montagem (Marc de Rossi), Figurino (Nazaré Amaral), Roteiro (Ugo Giorgetti), Ator Coadjuvante (Otávio Augusto), VI Rio-Cine Festival, 1990.

Dois jogadores de sinuca (Antônio Abujamra e Adriano Stuart) e um músico (Jorge Mautner) são contratados para entreter os convidados de uma festa em mansão paulistana, mas jamais abandonam o porão, onde com eles se relacionam o mordomo (Otávio Augusto), a babá (Iara Jamra), o ator (Ney Latorraca) e o garçom (Ary França). Neste cenário montado no bairro do Piqueri, em São Paulo, e com orçamento de US$ 300 mil, Giorgetti mistura a comédia à amargura, nos seus personagens de todo irrealizados e esquecidos. Sucesso crítico e popular, é o filme que lança o diretor ao conhecimento do público e rompe sua rotulação como profissional exclusivo de filmes publicitários.

***Sábado*** - 1994, São Paulo, SP
Cor, 35mm, 85 minutos. Gênero: ficção
Direção e roteiro: Ugo Giorgetti
Produção executiva: Carlos Alberto Watanabe. Direção de Produção: Marçal Souza e Elifas Sueiro. Direção de Fotografia: Rodolfo Sanchez. Direção de Arte e Cenografia: Maria Isabel Giorgetti
Som direto: Miguel Ângelo dos Santos Costa.
Montagem: Marc de Rossi
Música: Mauro Giorgetti
Figurino: Sandra Fukelman
Companhia produtora e distribuidora: Iguana Filmes. Financiamento: Secretaria Municipal de Cultura de São Paulo; Secretaria de Estado da Cultura de São Paulo; Pólo de Cinema e Vídeo do Distrito Federal; Banco Regional de Brasília; Banco do Estado de São Paulo
Elenco: Otávio Augusto, Maria Padilha, Giulia Gam, Tom Zé, Jô Soares, Jesse James, Elias Andreato, Renato Consorte, Mariana Lima,

André Abujamra, Gianni Ratto, Carina Cooper, Wandi Dorattioto, Décio Pignatari, Rubens Rivelino, Márcia Manfredini, A. S. Cecílio Neto, Marcelo Mansfield, Graça Berman, Luiza Helena, Wellington Nogueira, Madalena Nicol (não creditada).

Neste filme cujo orçamento bateu os US$ 500 mil, Ugo Giorgetti localiza o ridículo do vaivém publicitário, mas, principalmente, reforça a incomunicabilidade, já esboçada em ***Festa***, entre os habitantes de diferentes grupos sociais da cidade. É um filme de cor excepcional que exibe cenários bem construídos nos estúdios da Companhia de Cinema Vera Cruz, como a fachada do elevador e o saguão do prédio, e locações externas, como a cobertura onde se dá o pagode, e a maravilhosa visão do viaduto Santa Ifigênia no final. Num sábado, uma produtora de publicidade (Maria Padilha) fica presa no belo elevador do prédio, a caminho de conhecer um vitral; em sua companhia estão dois funcionários do Instituto Médico Legal (Otávio Augusto e Tom Zé), um habitante (André Abujamra) e um cadáver (Gianni Ratto). Ela, típica insensível paulistana, horroriza-se com tais companheiros de situação, e desta experiência que compartilha com eles nada retira. Enquanto o elevador está parado, o assistente da produtora, que deseja libertá-la, conhece o lumpesinato que abocanha a mesa de frios da filmagem no saguão, todo composto visualmente como numa farsa de teatro medieval; o zelador bêbado (Wandi Dorattioto) que veste a roupa do cadáver do nazista; e o criador de pássaros (Décio Pignatari), que leva todo o tempo do mundo - o tempo do lúmpen - para consertar o elevador onde está presa a amiga.



***Boleiros (Era Uma Vez o Futebol...)*** - 1998, São Paulo, SP. Cor, 93 minutos, 35 mm. Gênero: ficção.
Direção e roteiro: Ugo Giorgetti
Diretor assistente: Mário Masetti. Primeira assistente de direção: Kity Féo
Produção executiva: Malu Oliveira. Direção de produção: Marçal Souza
Técnico de som direto: Miguel Ângelo dos Santos Costa. Música: Mauro Giorgetti

Direção de fotografia: Rodolfo Sanchez. Direção de arte e cenografia: Maria Isabel Giorgetti.
Montagem: Marc de Rossi
Supervisão de som: Miriam Biderman
Produção de locação e set: Dudu Lima
Continuidade: Célia Padilha. Maquiagem e caracterização: Rosita Jimenez. Primeiro assistente de câmera e câmera adicional: Paulo Teles. Eletricista-chefe: João Sagatio. Maquinista-chefe: Paraná. Still: Marlene Bergamo
Assessoria de futebol: Luiz Carlos Galter.
Gerenciamento de elenco: Níssia Garcia e Bárbara Bruno. Preparação dos atores Cleber Colombo, Adilson G. Pancho, Robson Nunes e André Veras: Fátima Toledo. Preparação dos atores João Motta e Luiz Carlos de Miranda: Penha Pietra's. Microfonista: Cláudio Manuel. Eletricista: Marcelinho de Oliveira. Maquinista: Wagner Barbosa. Produção de cenografia: Ana Paula Guimarães. Produção de objetos: André Ianni. Cenotécnico: Ricardo Garcia. Estúdio de gravação: Estúdio Compasso
Técnico: Flávio de Souza. Assistente: Edilson Martins de Souza. Assessoria jurídica: Durval Fi-

gueira. Pós-produção de som: Effects Filmes (São Paulo). Pós-produção Audio Services: Planet 10 Post (New York)

Gravação de Música: Compasso Gravações Sonoras. Mixagem: One Corp., N.Y. Abertura: Estúdio T. Laboratórios de imagem: Casablancalab, Líder Cine Laboratórios, Duart (New York). Companhia produtora: SP Filmes de São Paulo.

Elenco: Adriano Stuart, Flávio Migliaccio, Otávio Augusto, Cássio Gabus Mendes, Rogério Cardoso, João Acaiabe, Oswaldo Campozana, Paulo Coronato, Aldo Bueno, César Negro, Elias Andreato, Walter Breda, Wandi Dorattioto, Bruno Giordano, Cláudio Curi, e o jornalista Matinas Suzuki Jr. Participações especiais: Antonio Grassi, André Abujamra, Silvio César e Lima Duarte. Atrizes especialmente convidadas: Marisa Orth e Denise Fraga.

Elenco por episódio - Episódio *Pênalti*: Otávio Augusto, Luiz Ramalho, Adolfo Paz Gonzalez, Jesse James, Fábio Herford, Cláudio Miranda Lopomo, Eduardo Barranco, Jorge Bouquet, Kuki Stolarski, Cássio Ricardo

Episódio *Paulinho Majestade*: Aldo Bueno, Cássio Gabus Mendes, Walter Breda, Bruno Giordano, Matinas Suzuki Jr., Luiz Carlos Rossi, Nilton Bicudo, Gibe, Andréa Mattar, Carlos Mani, Sivio César

Episódio *Pivete*: Adriano Stuart, João Motta, Bel Kowarick, Rafael Ruiz, Henrique Stroeter, Augusto Dário Ribeiro, Antônio Destro, Vicente Fantin, Nikolas Maciel

Episódio *Azul*: Cléber Colombo, Denise Fraga, Antonio Grassi, Rubens Ferreira

Episódio *Mesa-redonda*: Serginho Leite, Odair Baptista, Nelson Tatá Alexandre, Neville George, Cláudio Curi



Episódio *Pai Vavá*: Eduardo Mancini, Robson Nunes, Adilson Gutierrez Pancho, André Bicudo, Elias Andreato, Wandi Dorattioto, Agnes Zuliani, Diego Sampaio, André Abujamra, Zé Maria, Luis Carlos Galter, Borges de Barros, Paulo Márcio Arapuan, Luciana Camielli

Episódio *Hotel*: Lima Duarte, Marisa Orth, César Negro, Paulo Coronato, Kiko Vianello, Eleonora Prado, Francisco Carvalho

Episódio *Bar*: Adriano Stuart, Flávio Migliaccio, Rogério Cardoso, João Acaiabe, Oswaldo Cam-

pozana, Laert Sarrumor
Vozes dos locutores esportivos: Ciro Jatene e Paulo Márcio Arapuan. Locução esportiva especial (Osmar Santos): Ciro Jatene.
A história é construída a partir do encontro de cinco amigos boleiros num bar de dois andares, que tem as paredes cobertas de fotos de ex-jogadores. Entre goles de cerveja e lembranças, os boleiros costuram os episódios que se seguem, em torno de um jogador decaído; de um juiz ladrão; de um professor de escolinha de futebol, encantado por um craque-pivete; do goleador machucado, "operado" por um pai de santo depois de uma iniciativa da torcida; de um encontro amoroso na concentração; do jogador que vai ser negociado para o exterior, mas tem de escapar da mãe de seu filho e da polícia. É o primeiro filme brasileiro que ficcionaliza o futebol e, a partir dele, inventaria paixões e tensões humanas. Trata-se também da obra de mais sucesso do diretor, que prepara a continuação *Boleiros 2*.



***Uma Outra Cidade*** - 2000, São Paulo, SP
Cor, vídeo, 58 minutos. Documentário

Direção e roteiro: Ugo Giorgetti
Produção executiva: Malu Oliveira. Produção e coordenação de equipe: Lina Murano. Pesquisa e produção: Julia Pacheco Jordão. Pesquisa adicional: SP Filmes
Direção de fotografia: Pedro Pablo Lazzarini. Câmera e fotografia adicional: Edgard Luchetta. Segunda câmera: Roni Robson. Iluminação: Renato Pereira. Som direto: Miguel Ângelo dos Santos Costa. Finalização de som: Miriam Biderman. Montagem: Veronica Saenz. Assistentes de montagem: Marcello Bloise e Francisco Escher Guimarães
Música: Mauro Giorgetti. Áudio: Sebastião Avelino. Microfonistas: Robson Bras, Claudio Costa, Henrique Pires. Finalizadores: Jean Louis Manzon, Fabio Fernando e Ricardo Palau. Eletricista: Celso Marques de Oliveira. Secretária de produção: Sueli Cordeiro
Com a participação de Antonio Fernando De Franceschi, Rodrigo de Haro, Claudio Willer, Roberto Piva e Jorge Mautner.
Este documentário originou *O Príncipe*, como *Edifício Martinelli* já havia resultado em *Sába-*

*do*. Trata-se da reconstituição do processo de formação do grupo de amigos poetas conhecido por "turma da biblioteca", na São Paulo dos anos 50. (Giorgetti, ele mesmo, foi "participante ativamente interessado" nesse encontro, mas não se retrata.) Beats, surrealistas, apaixonados e divertidos, os homens que testemunham aqui evocam uma São Paulo ainda não tomada pelo excesso de habitantes, de consumo e de dor. Esta "outra cidade" se via apartada do restante do Brasil e sedenta por enriquecimento cultural; os jovens de classe média encerrados nela podiam então experimentar situações de marginalidade (como o roubo de livros) sem que a violência os perseguisse.

***O Prìncipe*** - 2002, São Paulo, SP
Cor, 35 mm, 102 minutos. Gênero: ficção
Direção e roteiro: Ugo Giorgetti
Assistentes de direção: Mario Masetti e Kity Féo. Produção executiva: Malu Oliveira. Direção de produção: Eliane Bandeira
Direção de fotografia: Pedro Pablo Lazzarini. Som direto: Miguel Ângelo dos Santos Costa.

Direção de arte: Isabelle Bittencourt. Figurino: Paula Iglecio. Maquiagem: Rosita Jimenez Busquet. Operador de câmera: Jorge Pfister. Eletricista-chefe: João Sagatio. Maquinista-chefe: Adovaldo Barbosa. Montagem: Marc de Rossi. Música: Mauro Giorgetti. Edição de som: Miriam Biderman. Continuísta: Florence Weyne Robert. Segunda assistente de direção: Julia Jordão. Estagiária de direção: Flavia Thompson

Preparação do personagem Ramon: Renata Zanetta. Produtor de locação: Afonso Coaracy. Assistência de executiva: Liniane Haag Brum. Produtor de set: Luiz Fernando Oliveira. Assistente de produção: Gabi Mariano. Assistente de produção de set: Edson Souza. Estagiária de produção: Lia Raulino Hillel. Primeiro assistente de câmera: Eduardo de Andréa (Kito). Segundo assistente de câmera: André Lins Veloso. Still: Marcos Camargo, Bruno Giovannetti



Operadora de video assist: Luciana Tognon. Eletricista: Alexandre Henrique. Maquinista: Wagner Barbosa. Ajudante de elétrica: Roberto Bonifazzi. Assistente de maquinaria: Adriano Rodrigues. Microfonistas: Cláudio Costa e Robson

Costa Braz. Assistente de arte: Daniel Duschenes. Produtor de cenografia: Zeca Nolf. Produtora de objetos: Adriana Godoy. Produtor de objetos: Eduardo Fazzio

Cabeleireiro: Paulo Guimarães. Assistente de produção de objetos: Maria Helena Félix. Contra-regra: Marcelo de Paula. Estagiária da direção de arte: Márcia Marigo Fragata. Estagiário de cenografia: Diogo Bérgamo. Estagiária de objetos: Juliana Jordão. Assistente de figurino: Queila Oroma. Produtor de figurino: Márcio Antuccini. Camareira: Roseli Alves. Estagiária de figurino: Gina Loria. Estagiária de objetos: Juliana Jorge. Supervisora de finalização: Alessandra Casolari. Assistente de finalização: Nathalia Rabczuk

Gerente administrativo financeiro: Idimeu Tomaz de Aquino. Secretária de produção: Suely Ferreira de S. Cordero. Assessoria jurídica: Durval Figueira. Casting: Nossa Senhora do Casting.

Elenco: Eduardo Tornaghi, Bruna Lombardi, Ricardo Blat, Nydia Licia, Ewerton de Castro, Otávio Augusto, Elias Andreato, Marcia Bernardes, Bruno Giordano, Luiz Guilherme, Lígia Cortez, Henrique Lisboa, Luis Carlos de Moraes, Thiago Pinheiro, Julio Medaglia, Adriano Stuart, Rosaly Papadopol, Wandi Doratiotto, Aldo Bueno, Felipe Folgosi, Jorge Bouquet, Rui Minharro, Andréia Mattar, Claudia Missuna, Rubens Ferreira, Adilson Gutieres, Isabel Scici, Da Lapa, Zé Geraldo Marcondes, Alberto Chagas, Marina Tranjan, Roberta Rezende, Lorena Nobel, Mazé Portugal, Tereza Athayde, Érica Menezes, Daniela Prestes, Lali, Maristela de Vasquez, Mirian Manzoli, Vicente Fantin, Eliana Teruel, Fatima Ribeiro, Ireny Terto Brandão, Paulo Aguiar, Claudia Gamberoni, Luis Carlos Bahia, Luiã Borges, Edson Rodrigues da Silva, Miranda de Amaralina, Weferson Zumbi, Djalma Avelino, João Gobbi, Jenniffer Bresser.



Intelectual (Eduardo Tornaghi) volta ao Brasil, vindo de Paris, por ocasião da doença de seu sobrinho, e vê mudadas as trajetórias dos amigos, antigos companheiros de ideais. Acha difícil reconhecer São Paulo: a casa de sua mãe (Nydia Licia), em Pinheiros, tem de estar cercada para impedir a invasão de lúmpens urbanos. Amigos como o interpretado por Ewerton de

Castro, outrora contestador do establishment como ele, agora ganha a vida vendendo projetos culturais, e lhe sugere que dê um curso de Maquiavel para empresários. A antiga paixão do protagonista, representada por Bruna Lombardi, é a analista desses mesmos projetos culturais para um banco, e está melancólica. Seu sobrinho (Ricardo Blat) é internado como louco porque decidiu recontar a história brasileira a partir de um ponto de vista ficcional. O amigo jornalista (Otávio Augusto), brilhante porém ironicamente desesperançado, agora anda em cadeira de rodas. O amigo que continua fiel aos próprios ideais (Elias Andreato) isolou-se no bairro do Bom Retiro. Neste cenário de amargura, em que o ensino, a medicina e a cultura parecem destruídos, ergue-se o melhor momento da cinematografia deste diretor-observador.



## A Obra Teatral do Cineasta

***Humor Bandido*** - Abril a julho de 1982, quintas-feiras a domingos, às 21h, no Assobradado do Teatro Brasileiro de Comédia (TBC), São Paulo

Direção e roteiro: Ugo Giorgetti
Produção: Afonso Coaracy
Iluminação: Pedro Pablo Lazzarini
Cenografia: Marcos Wainstock
Elenco: Joaquim Pereira da Costa, o Quinzinho, e Renato Consorte. Participação do jogador de sinuca Praça. Esta é a única obra em teatro de Ugo Giorgetti, pensada para que ele pudesse dar vazão ao talento teatral inexplorado de Quinzinho, o Rei da Boca. Em meio a mesinhas com o logotipo da Cervejaria Antárctica e a slides nos quais personagens da Boca surgiam, o malandro, então aos 64 anos, 22 deles passados preso, narrava com grande talento as inacreditáveis histórias da malandragem e do presídio. O ator Renato Consorte fazia o contraponto a seus improvisos. Nos intervalos, o jogador de sinuca Praça desafiava interessados da platéia
Para Giorgetti, esta foi uma das melhores, se não a melhor, experiência de sua vida profissional.

*Com Johannes Oelsner nas filmagens de **Músicos***

## Obras Cinematográficas em Andamento

***Músicos*** - 2003, São Paulo, SP
Cor, vídeo. Documentário
Roteiro e direção: Ugo Giorgetti

Por 35 anos membro do primeiro Quarteto de Cordas Municipal da Cidade de São Paulo - e o único sobrevivente da formação inicial - o austríaco Johannes Oelsner narra, aos 88 anos, sua participação no grupo e seus encontros com nomes importantes da música erudita internacional, como Richard Strauss. O documentário intercala a entrevista com Oelsner a imagens de uma época fortemente influenciada pela presença modernista (o escritor Mário de Andrade fundou o quarteto).



***Boleiros 2***

Em 35 mm, esta ficção roteirizada e dirigida por Ugo Giorgetti continuará a saga do filme de 1998. Desta vez, o destaque é o futebol da atualidade, onde se misturam o sonho europeu, o mundo feminino das juízas e a interferência da modernização no bar, o reduto dos boleiros.

***Abaixo a Ditadura!***

(ou ***O Círculo de Giz Caucasiano***)

Em 35 mm e em preto e branco, este filme dramatizará a classe teatral participativa durante os anos de regime militar no Brasil. Surgem o observador ideológico do partido, para coibir na arte o que ela pudesse fugir às prescrições socialistas; o restaurante Gigetto, palco do enfrentamento entre críticos e dramaturgos; e a ação terrorista, que esconde seus militantes na casa de um general.

**Créditos das fotografias**



págs.

105B-172-177-178-179-180-185-186-196: Bruno Giovanetti

págs.

156-157-158-159-164-168: Marlene Bérgamo

Demais páginas: acervo pessoal Ugo Giorgetti

fotolito, impressão e acabamento

imprensaoficial

Rua da Mooca, 1921 São Paulo SP
Fones: 6099-9800 - 0800 123401
www.imprensaoficial.com.br